IDEOLOGIAS

GABRIELA PRIOLI

# Ideologias

Copyright © 2022 by Gabriela Prioli

*Grafia atualizada segundo o Acordo Ortográfico da Língua Portuguesa de 1990, que entrou em vigor no Brasil em 2009.*

*Capa*
Alceu Chiesorin Nunes

*Preparação*
Maria Emilia Bender

*Pesquisa*
Julio César Vellozo
Laura Naves Alencar

*Índice remissivo*
Maria Claudia Carvalho Mattos

*Revisão*
Natália Mori
Marise Leal

Dados Internacionais de Catalogação na Publicação (CIP)
(Câmara Brasileira do Livro, SP, Brasil)

> Prioli, Gabriela
> Ideologias / Gabriela Prioli — 1ª ed. — São Paulo : Companhia
> das Letras, 2022.
>
> ISBN 978-65-5921-153-1
>
> 1. Ciência política 2. Ideologia I. Título.

22-130172                                                        CDD-320.5

Índice para catálogo sistemático:
1. Ideologia : Ciência política                     320.5

Eliete Marques da Silva – Bibliotecária – CRB-8/9380

[2022]
Todos os direitos desta edição reservados à
EDITORA SCHWARCZ S.A.
Rua Bandeira Paulista, 702, cj. 32
04532-002 — São Paulo — SP
Telefone: (11) 3707-3500
www.companhiadasletras.com.br
www.blogdacompanhia.com.br
facebook.com/companhiadasletras
instagram.com/companhiadasletras
twitter.com/cialetras

# Sumário

*Introdução* ........................................... 7

PARTE I — LIBERALISMO
Introdução ........................................... 21
Protoliberalismo e as três revoluções .................. 27
Seis tipos de liberdade ............................... 53
Autores .............................................. 74

PARTE II — CONSERVADORISMO
O nascimento do conservadorismo ..................... 99
O conservadorismo e a lógica do cubo mágico .......... 105
Os alicerces ......................................... 114
Distributistas e reacionários .......................... 131
Autores .............................................. 137

PARTE III — SOCIALISMO
Introdução ........................................... 147
As origens do socialismo ............................. 149

Utopia .............................................. 153
A Revolução Francesa e a igualdade ................... 158
Os socialistas utópicos ............................. 165
Marx, Engels e o comunismo ........................ 170
Há muitas esquerdas na esquerda .................... 183
Autores ............................................ 206

*Conclusão* ........................................ 215
*Referências bibliográficas* .......................... 227
*Índice remissivo* ................................. 235

# Introdução

Ideologia: palavrinha complicada, fonte de muito bate-boca na mesa de jantar e do boteco. Produção, toca Cazuza (1958-90): "Ideologia, eu quero uma pra viver!".

Mas será que você precisa mesmo de uma ideologia para viver? Pois é, é muito provável que você *já tenha* uma ideologia. E o motivo é simples: todo mundo tem uma pra chamar de sua. Todo mundo tem valores que servem de régua para medir o que está ao redor, óculos para enxergar o que está diante dos olhos. Ideologia é um modo de interpretar o mundo e conferir a esse mundo um significado, que é partilhado por várias pessoas.[*] É uma maneira de organizar os diferentes jeitos de pensar a realidade, além de um caminho para orientar políticas públicas, com base em crenças comuns sobre o modo como a sociedade funciona — ou deveria funcionar.

Muitas vezes, quando a pessoa se diz avessa a ideologias ou

---

[*] João Cardoso Rosas e Ana Rita Ferreira (orgs.), *Ideologias políticas contemporâneas*. Coimbra: Almedina, 2014. E-book, posição 28.

afirma que determinada proposta "não pode vir com ideologia", ela está justamente expondo seu jeito de ver o mundo. Na prática, essa recusa revela uma postura ideológica. Não devemos encarar a ideologia — as ideologias — como um bicho de sete cabeças do qual precisamos fugir a todo custo. Elas fazem parte da vida da gente.

Mas atenção: essa é apenas uma das definições de ideologia. Ao longo da história, esse conceito recebeu diferentes tratamentos — alguns positivos, como um sistema de crenças que podem ter impactos reais na vida concreta; outros negativos, como ilusão, falsa consciência ou descolamento da realidade.* Vou partir do pressuposto de que ideologia é um modo de ver o mundo com base em crenças compartilhadas.

Muitas pessoas, quando pensam em ideologia, logo associam o conceito ao par esquerda e direita. Os conceitos de "esquerda" e "direita" surgiram há muitos anos, durante a Revolução Francesa, e se referiam à posição das cadeiras — à esquerda ou à direita — que determinados grupos ocupavam numa assembleia deliberativa. Isso, porém, nós vamos ver daqui a pouco.

De todo modo, é lógico que esses conceitos são úteis no mundo moderno, afinal sobreviveram por séculos, evoluíram e ainda geram debate. No entanto, são simplificações — sintetizam uma ideia e nos ajudam a compreender sua complexidade, mas estão longe de resolver o assunto. Hoje em dia, classificar alguém como de esquerda ou de direita é dizer muito pouco a respeito das inclinações políticas dessa pessoa. Existem muitas esquerdas e muitas direitas. E, mais ainda, não existe sequer consenso para determinar onde, precisamente, esses atores se situam no espectro político. É bem provável que uma pessoa que vive no capitalismo

---

\* Marilena Chaui, *O que é ideologia*. São Paulo: Brasiliense, 1980; Slavoj Žižek (org.), *Um mapa da ideologia*. Trad. de Vera Ribeiro. Rio de Janeiro: Contraponto, 1996.

e não luta por uma transição para o socialismo, mas se preocupa com as questões sociais, se considere de esquerda. A direita também vai enxergá-la assim. Agora, a ala da esquerda que defende a necessidade de uma postura anticapitalista para que uma pessoa seja *mesmo* de esquerda provavelmente verá esse indivíduo à direita em termos políticos.

Quando não conhecemos todas as possibilidades, podemos sentir tanto medo de sermos excluídos do grupo em que nos sentimos confortáveis que o jeito mais fácil de afirmar nosso pertencimento é apontar como nos diferenciamos dos demais grupos. E é justo nesse momento que as ideologias começam a ser usadas como xingamento. O mecanismo é o seguinte: o que eu sei é que não quero pertencer ao grupo que minha turma rejeita, então ressalto o que *não sou*, sem saber bem o que de fato sou — e em que acredito.

As simplificações podem ser boas como pontos de partida, mas nos atrapalham se nos conformamos a elas, se não buscamos ir além. Então precisamos nos aprofundar, compreender as coisas de forma mais abrangente, superando slogans e rótulos.

Já sei que você pode estar pensando: "eu não me sinto de direita ou de esquerda. Não sou socialista, não sou liberal, não sou conservador, não sou nada disso aí que o pessoal fala". Será que não? Você pode muito bem sentir que não se encaixa nessas nomenclaturas que aparecem em tudo quanto é discussão. Isso porque elas também são simplificações. Gosto de pensar no conservadorismo, no liberalismo e no socialismo como macroideologias, ou seja, grandes árvores com muitos galhos que se desenvolvem em direções variadas.

Essas macroideologias, portanto, abrigam pensamentos muito diferentes. São grandes guarda-chuvas, sob os quais se agrupam visões que não coincidem umas com as outras. Ao olhar a árvore de longe, você talvez não se enxergue nela, mas se observá-la mais de perto, pode encontrar um ou dois galhos que se aproximam bastante de seu modo de pensar.

Sabendo disso, a gente consegue participar dos debates com uma postura mais firme e qualificada, porque compreendemos nossa visão de mundo. Em meio a tanta gente falando do que não sabe, é melhor entrar na conversa com segurança das nossas convicções — calmos, tranquilos, sem medo de que alguém possa nos tirar do eixo. Esse é um dos objetivos que espero que você alcance com a leitura deste livro.

Uma discussão limitada a rótulos, em que muitas vezes quem está defendendo uma posição nem sabe o significado do que está dizendo, é um debate raso, ou melhor, nem debate é, não passa de blá-blá-blá, de conversa vazia. Uma pessoa grita de um lado, outra, de outro — e ninguém sabe exatamente do que está falando, a conversa não chega a lugar nenhum. Num primeiro momento, pode até funcionar do ponto de vista do espetáculo — a pessoa parece bem na fita e bomba no Twitter —, ou ainda pode funcionar como escudo — a gente se protege no grito e abafa argumentos superficiais —, mas em termos de crescimento intelectual e construção de propostas concretas, não contribui em nada.

Isso tudo é muito frustrante, porque um debate de ideias é fundamental para superar não só problemas que vêm de décadas, como os novos, que se aceleram num mundo em constante transformação. A velhos desafios como fome, desigualdade, opressão contra minorias, guerras, ditaduras, somam-se aquecimento global, crise migratória, desemprego estrutural, superexploração do trabalho etc.

Procurei olhar essa questão de frente e explorar o que são, de fato, essas macroideologias. E explicar como cada uma delas, que à primeira vista até podem assustar, abrange um leque de posições diferentes. Liberal não quer dizer uma coisa só, conservador e socialista tampouco. E por que essa pluralidade de sentidos? Porque uma ideologia é criada para resolver um problema concreto. A sociedade tem um problema — vários, na verdade — e as pessoas discutem a melhor forma de solucioná-lo. Mas atenção: elas procuram uma solução naquele momento histórico específico. Com isso, criam um repertório de ideias que acabam disputando as escolhas da população e de quem faz o que hoje chamaríamos políticas públicas. Para entender essas posições, é preciso compreender como — e em que contexto — elas nasceram e se desenvolveram.

Cada capítulo do livro vai apresentar como surgiram essas ideias — liberalismo, conservadorismo e socialismo —, como se dividiram em galhos conforme essas árvores foram crescendo e quais posições mais importantes cada uma sustentou. Ao final você vai estar preparado para compreender melhor o mundo e participar dos debates políticos. Vem comigo nessa aventura de conhecer essas grandes visões de mundo?

## UM SPOILER: ESQUERDA VERSUS DIREITA

Para compreender a origem dos termos esquerda e direita, até hoje frequentes no debate político, precisamos retornar à França do século XVIII. (Fiquem tranquilos, porque o tema volta em detalhes alguns capítulos adiante — este é apenas um gostinho dessa discussão para você perceber como muito do que se fala no debate político se relaciona com o nosso passado.)

Em determinado momento da Revolução Francesa, foi criada uma espécie de "Congresso Nacional" da época: a Assembleia Nacional Constituinte. Essa instituição se organizava em uma sala, com cadeiras dispostas lado a lado — assim como o Congresso hoje —, e os representantes se sentavam perto de quem pensava parecido com eles. À direita, ficavam aqueles que se posicionavam a favor do poder de veto do rei (ou seja, aqueles que queriam manter mais elementos do "mundo antigo", então prestes a ruir). A esquerda era ocupada por quem se posicionava contra o poder de veto do rei, ou seja, os entusiastas por mudanças e uma ruptura mais ousada.*

Sim, a origem dos termos "direita" e "esquerda" faz referência aos ocupantes de cadeiras dispostas numa sala há mais de duzentos anos. Será que hoje faz sentido perguntar a uma pessoa se ela é a favor ou contra o poder de veto do rei para avaliar se ela é de esquerda ou de direita? Pareceria até piada. Os conceitos evoluem e refletem questões do tempo e do lugar em que foram propostos.

Em resumo, essa primeira oposição ocorreu entre aqueles que queriam conservar certa ordem pré-Revolução Francesa e aqueles que ansiavam pela liberdade que a sociedade até então não podia oferecer, uma vez que a vida das pessoas já era decidida no instante em que nasciam. Em outras palavras, conservadores e liberais. A direita e a esquerda da época.

"Como assim? Liberais não são de esquerda!", você deve estar pensando. Mas quem disse que liberais não são de esquerda? Naquela época da Assembleia na França, os liberais eram o grupo à esquerda. Quanto mais à esquerda, mais liberal e mais revolucionário. O que é determinante aqui é a expressão "naquela época", porque ao longo do tempo novos problemas surgem — assim como novas propostas de solução, com outros nomes. Um exemplo é o socialismo, que fica ainda mais à esquerda do eixo que avalia a demanda por mudança na ordem estabelecida, deslocando para o centro o que antes estava à esquerda (e mantendo à direita o que já estava nessa posição). Prometo que vamos chegar lá.

Aqui vale uma ressalva: se hoje denominamos esses grupos de "conservadores" e "liberais", isso não significa que eles já se

---

* Michel Vovelle, *A Revolução Francesa: 1789-1799*. Trad. de Mariana Echalar. São Paulo: Editora Unesp Digital, 2019. E-book, posição 36.

identificassem assim. Esse é um adesivo nosso, colado a partir do presente, olhando para trás. Ao longo do livro, tentarei ao máximo evitar anacronismos — ou seja, evitar conceitos de hoje para explicar o que aconteceu no passado, ou conceitos do passado para explicar o momento atual. Por isso, entender o contexto desses debates é fundamental e vou insistir nessa tecla.

Na França revolucionária, os conservadores estavam à direita, e os liberais, à esquerda. Já no século XIX, a burguesia — a classe social que havia ascendido economicamente, mas não dispunha dos privilégios da nobreza — e os trabalhadores pobres, que, no passado, se aliaram contra o Antigo Regime e o poder absoluto do rei, se deram conta de que tinham interesses particulares, e que esses diferentes interesses eram conflitantes. A Revolução Industrial se espalhava pela Europa, a vida dava uma guinada de 180 graus — novas tecnologias e modos de produzir alteravam o dia a dia das pessoas.

A concentração de terras nas mãos de grandes proprietários e o fato de as máquinas passarem a executar parte do trabalho dos camponeses fazem com que esses trabalhadores deixem o campo em busca de alguma ocupação. Resultado: urbanização acelerada. Mas o trabalhador continua pobre: pobre urbano, não mais rural. A burguesia, livre das amarras do Antigo Regime que a impediam de ascender socialmente, constrói seu capital por meio do comércio, das finanças (ou seja, dos bancos) e da produção de bens. Os burgueses, agora donos das fábricas instaladas para produzir de acordo com essa nova dinâmica, são os patrões. Dá para perceber como o mundo mudou rápido? Até poucas décadas antes, a sociedade era rural, enquanto no século XIX, ainda que a maior parte da população continue vivendo no campo, são as indústrias que oferecem empregos.*

---

* Joshua B. Freeman, *Mastodontes: A história da fábrica e a construção do mundo*

As condições de trabalho nessas fábricas eram tão precárias que hoje seriam consideradas criminosas: jornadas extenuantes de muitas e muitas horas, salários irrisórios, trabalho infantil e nenhum direito a descanso. Homens e mulheres enfurnados em minas de carvão sem ver a luz do sol por dias.

No final do século XVIII, a Revolução Industrial, que havia começado devagarinho, era restrita à Inglaterra. Como ainda não era uma realidade na França ou no resto da Europa, a questão da precariedade da vida do trabalhador urbano não estava em voga, porque simplesmente não existia esse modo de trabalho em larga escala. Agora, em pleno século XIX, os trabalhadores já percebem que seus interesses não mais coincidiam com os da burguesia. A dinâmica de poder havia mudado. Os inimigos eram outros. O mundo muda, os problemas mudam e as mentes passam a pensar a partir de novos desafios...

Nesse período, ganha relevância o conjunto de ideias que ficou conhecido como socialismo, uma ideologia que privilegiava a busca de uma sociedade *materialmente* mais igual. Há uma reconfiguração da régua ideológica: com o pensamento socialista ocupando o eixo mais à esquerda, o liberalismo é empurrado para o centro espalhando-se entre uma posição liberal mais à esquerda ou mais à direita, e o conservadorismo se mantém à direita.*

Isso quer dizer que não existia um pensamento socialista anterior? É claro que existia. O pensamento socialista tem raízes mais antigas — veremos isso em detalhes na parte dedicada a ele —,

---

*moderno*. Trad. de Pedro Maia Soares. São Paulo: Todavia, 2019; Eric Hobsbawm, *A era das revoluções: 1789-1848*. Trad. de Maria Tereza Teixeira e Marcos Penchel. São Paulo: Paz & Terra, 2015. E-book, posição 286.

* Veja que, nos Estados Unidos, onde o socialismo não se desenvolveu com tanto sucesso quanto em outros países, os liberais continuam ocupando a esquerda da bancada política... Ou seja: nem hoje em dia essas definições de esquerda e de direita são escritas em pedra.

e foi dentro desse grande espectro que surgiu, na metade do século XIX, o tal do "comunismo". Doutrina econômica e sociopolítica de cunho revolucionário, o comunismo foi elaborado por dois teóricos alemães, Karl Marx (1818-83) e Friedrich Engels (1820-95). Era um pensamento que defendia a necessidade de superar o modo de produção capitalista, além de estabelecer uma sociedade sem classes.

Quis mencionar essa questão logo na introdução porque sei que as associações entre "comunismo" e "socialismo" são imediatas — e às vezes confusas. Falaremos disso mais adiante, mas já vale dizer que o comunismo é só uma das vertentes do socialismo. Aliás, existem muitas outras. Ideologias não são categorias fixas, mas um espectro de possibilidades dentro daquele grande guarda-chuva. Nos extremos há menos diálogo, mas na fronteira entre uma ideologia e outra muita coisa se mistura. Há espaço para interseções entre liberalismo, conservadorismo e socialismo. Nem todo pensamento conservador, liberal ou socialista está no mesmo ponto da régua. Fora das extremidades, há muita gente debatendo para encontrar o melhor caminho ou apenas para trocar ideias, se aprofundar, compreender o mundo. Essa pluralidade de visões é o que caracteriza a democracia. Ainda que você ache que a sua forma de solucionar o problema seja a melhor, você admite que ela não é a única. E, considerando essa pluralidade, você pode ir afinando seu caminho, puxando uma boa ideia daqui, outra dali...

Ressalto aqui dois pontos. Primeiro: o que é esquerda ou direita depende de onde se posiciona o observador. Se um conservador olha para a esquerda, ele vê os liberais e os socialistas. Se um socialista olha para a direita, ele vê liberais e conservadores. Ou seja, termos como "esquerda" e "direita" são espaciais, digamos. Quer dizer, praticamente espaciais, porque com o tempo foram adquirindo outros significados que não os limita apenas ao aspecto espacial. O conteúdo deles também demarca as diferenças.

Para Norberto Bobbio (1909-2004) o elemento mais importante de distinção é o peso que é dado pela esquerda à questão da igualdade. Em suas palavras:

> disso decorre que quando se atribui à esquerda uma maior sensibilidade para diminuir as desigualdades não se deseja dizer que ela pretende eliminar todas as desigualdades ou que a direita pretende conservá-las todas, mas no máximo que a primeira é mais igualitária e a segunda é mais inigualitária.*

De todo modo, vale sempre perguntar: direita ou esquerda em relação a quê? Para quem? A partir de qual entendimento?

Segundo: uma ideologia não cai do céu, tampouco brota espontaneamente da cabeça de um pensador muito inteligente e com muito tempo livre. Essas visões de mundo surgem em resposta a problemas concretos na vida das pessoas. Cada problema exige uma resposta. Para o autoritarismo dos reis e a sociedade de estamentos, foi criado o liberalismo. Para a desigualdade material entre as pessoas, foi criado o socialismo. Para o medo e a ansiedade que tanta mudança trazia, o conservadorismo.

Escolhi essas três grandes matrizes de pensamento porque elas nos servem de bússola até hoje. É claro que existem muitas outras, mas neste livro vou tratar de um pensamento eurocêntrico, criado para solucionar problemas que a Europa vivia. Devido à forte influência europeia no Brasil do final do século XVIII ao final do século XIX — quando ainda éramos uma colônia, e depois um império governado por uma família real de origem portuguesa —, essas ideologias acabaram migrando para cá. Aqui, porém, elas nunca vingaram tão bem como em seu continente de origem.

---

* Norberto Bobbio, *Direita e esquerda: Razões e significados de uma distinção política*. Trad. de Marco Aurélio Nogueira. São Paulo: Editora Unesp, 1995, p. 103.

Havia um descompasso evidente. A monarquia se dizia liberal, uma monarquia constitucional, "moderna". Ora, o Brasil foi um país escravocrata até 1888. Como poderia haver liberalismo se grande parte da população não era livre? Essas idiossincrasias levaram o professor Roberto Schwarz (1938-) a cunhar o conceito de "ideias fora do lugar", que você talvez já tenha escutado ou lido por aí. O Brasil importava ideologias europeias que nunca se encaixaram perfeitamente em nossa experiência, marcada por uma longa história de colonialismo, escravidão e busca por desenvolvimento, na periferia do mundo ocidental.*

Essas estruturas — liberalismo, conservadorismo e socialismo — foram tão poderosas que formatam nosso modo de pensar a política e a sociedade no Brasil até hoje, mas não são as únicas que existem. Este livro pretende ser uma introdução ao assunto, e espero que sirva de convite para você pesquisar mais sobre esses temas.

---

* Roberto Schwarz, *As ideias fora do lugar: Ensaios selecionados*. São Paulo: Penguin-Companhia das Letras, 2014.

PARTE I

LIBERALISMO

# Introdução

Um capítulo como este costuma começar com uma definição de liberalismo, naquele estilo: "liberalismo é", e então a gente bota dois-pontos e prossegue.

Quando eu era estudante de direito e um professor explicava alguma coisa um pouco mais abstrata, eu torcia para que ele desse logo uma definição, um conceito que resumisse a questão em duas ou três linhas. Era ótimo para a gente estudar para a prova... Mas essa solução rápida, que satisfaz nosso desejo pela instantaneidade, pelo imediatismo — sentimento característico de nosso tempo — é quase sempre insuficiente. Tentar sintetizar o que é liberalismo em poucas linhas, missão impossível. Aliás, isso vale para qualquer tema mais complexo...

Eu disse "quase sempre insuficiente", porque é possível dar definições curtas a respeito de vários assuntos sem prejuízo do entendimento. Ou seja, nem sempre definir é distorcer ou simplificar demais. No caso das ideologias, porém, prefiro explorar as muitas possibilidades dos termos e conceitos. Fazer isso quando discutimos ideias é muito mais rico. É como passear num jardim enorme, lindo, em vez de ficar olhando para ele da janela de um quarto fechado com vista para apenas um canteiro.

Nos nossos dias muita gente diferente tem sido chamada de liberal — e a própria ideia de "liberdade" tem sido defendida de maneira muito distinta de acordo com cada perspectiva. Será que os ávidos defensores do mercado considerariam liberais todas as pessoas que a esquerda radical (vou desenvolver mais adiante) classifica assim? Será que o pensamento liberal progressista seria convidado para a festa dos liberais na economia e conservadores nos costumes? Será que o liberalismo na economia tem sempre os mesmos contornos? Como pode um liberal ter sido o autor da ideia de Estado de bem-estar social? Todo liberal é de direita ou existe liberalismo na esquerda? Bem, existem muitos liberalismos...

Dois exemplos práticos da dificuldade de tentar sintetizar um conceito: durante a pandemia de covid-19, quando nossa liberdade individual precisou de restrições para que se preservassem as liberdades alheias, vimos que nem sempre estávamos querendo dizer a mesma coisa quando empregávamos a palavra "liberdade". Quando alguém dizia, "olha, eu tomo vacina se eu quiser, porque o corpo é meu", estava invocando uma liberdade individual ilimitada a ponto de colocar em risco a saúde coletiva. Quando alguém retrucava que o exercício da liberdade individual daquele sujeito estava pondo em risco a vida em comunidade, estava invocando os limites que a vida em sociedade coloca para essa liberdade para que se preservem as outras muitas liberdades em jogo. Viu como essas coisas teóricas podem adquirir uma dimensão concreta?

Outro exemplo. Na política americana, ser liberal hoje significa ter posições identificadas como de esquerda (e mesmo lá a esquerda comporta gente muito diferente). Bernie Sanders (1941-), o senador que disputou a indicação para a candidatura à presidência na convenção do partido democrata nas últimas eleições e perdeu para o Joe Biden (1942-), é considerado um político liberal. No entanto, se examinarmos o programa que ele defende, vamos ver que Sanders está à esquerda, por exemplo, do Lula (1945-). Na verdade, ele se define como socialista!* "Mas alguém pode ser liberal e socialista?" Em breve veremos que desde o século XIX existe quem conjugue liberalismo e socialismo moderado. E, assim como Sanders, Biden também é visto como liberal — ainda que os dois discordem de muita coisa.

Está errado dizer que Sanders é liberal? Ao longo do livro, vai dar para perceber que não é incorreto. Ele tem posições fundamentais do liberalismo: defende as liberdades individuais e considera que em seu país o Estado é tremendamente autoritário, interferindo em assuntos que só dizem respeito às escolhas das pessoas. Ao mesmo tempo, acredita que o Estado deve amparar os mais pobres, intervir na economia para promover emprego, oferecer saúde pública e gratuita, transporte barato e escola — uma agenda que muitas vezes não é reconhecida como liberal, porque também demanda o papel ativo do Estado na vida social e econômica. No Brasil, o liberalismo é dominado por outro tipo de visão, mais influenciada por outros aspectos do pensamento liberal, especialmente o chamado liberalismo econômico. Entre nós, Sanders é tido como alguém bem de esquerda, socialista.

Quer dizer que todos os liberais brasileiros são fissurados pelo mercado? Não, porque a diversidade do liberalismo está presente em todos os lugares, inclusive aqui. Mas há uma predominância, ao menos no debate público, de um liberalismo mais antiestatista, contrário à quase toda intervenção do Estado. E não

---

* John Cassidy, "The Importance of Bernie Sanders and Socialism". *New Yorker*, 10 abr. 2020. Disponível em: <www.newyorker.com/news/our-columnists/the-importance-of-bernie-sanders-and-socialism>. Acesso em: 29 set. 2022.

está errado chamar de liberais essas pessoas que pensam de modo tão diferente de Sanders, porque desde o século XIX há correntes do liberalismo que pensam como esses liberais brasileiros focados no mercado.

Enfim, dá pra ser liberal de formas muito distintas. Por que então não facilitaram, dando um nome diferente a cada uma dessas correntes? Porque cada vertente defendia que suas posições sintetizavam o verdadeiro liberalismo. Aliás, isso acontece com toda ideologia: os defensores de determinada corrente se dão o direito de dizer que aquela é que é a correta, que as outras são desvios ou incompreensões. E tudo bem, isso é legítimo. É a disputa a partir das interpretações possíveis.

Mas será que todo mundo que se diz liberal é liberal *mesmo*? No Brasil, há quem seja conservador mas se apresenta como liberal, muitas vezes por receio de ser tomado como reacionário, outras por confusão mesmo, por ignorar o que o termo significa. E, algumas vezes, para manipular o interesse do eleitor que se identifica como tal. Durante muito tempo, assumir uma postura conservadora no Brasil era quase como confessar um pecado — ser de direita era uma vergonha porque a direita era associada à ditadura. Reforço: cada espectro abriga uma gama de nuances e posições. E, embora na prática essa divergência de conceitos possa gerar algum desentendimento, explicitada a base teórica, vale dizer que não tem problema as pessoas se identificarem de maneiras diferentes — afinal, isso faz parte da democracia (e aqui uma observação importante: desde que essas ideias se desenvolvam respeitando os valores democráticos).

Digressão feita, é hora de retomar o surgimento do liberalismo, com uma curiosidade: muitos autores ditos liberais nasceram, fizeram política, escreveram livros e morreram antes mesmo que a palavra liberalismo existisse! Se um viajante do tempo voltasse para o final do século XVIII e cumprimentasse Adam

Smith (1723-90) por ser um dos fundadores dessa corrente de pensamento, o filósofo provavelmente ia achar que a pessoa não estava falando coisa com coisa. E o mesmo vale para autores como John Locke (1632-1704) e Montesquieu (1689-1755).

No período em que eles viveram, esse conceito simplesmente não existia. Um bom jeito de descobrir quando determinado termo surgiu é consultando os dicionários da época. Se quero saber, por exemplo, se havia uma corrente identificada como liberal em determinado momento da história, procuro a palavra num dicionário daquela época. Se estiver lá, com o mesmo sentido, aquele conceito já existia. Caso contrário, o termo não havia sido cunhado, ou pelo menos não circulava o bastante para entrar no dicionário. É assim que muitos historiadores, filósofos e cientistas políticos fazem. Vários desses dicionários estão disponíveis na internet. No site da Biblioteca Brasiliana Guita e José Mindlin (<www.bbm.usp.br/pt-br/dicionarios>) é possível encontrar alguns deles. É só escolher um e digitar o termo que lhe interessa.

Com essa pesquisa, vemos que a palavra "liberal", na época de John Locke, ou de Adam Smith e Montesquieu, queria dizer algo como "mão-aberta". No *Vocabulario portuguez & latino*, publicado entre 1712-28 por Raphael Bluteau (1638-1734), que consta da biblioteca que citei, a definição é a seguinte: "o que com prudente moderação, gratuitamente, e com boa vontade dá dinheiro ou coisa que o valha". Pois é, liberal era o contrário de mão de vaca.

Mas se a palavra liberalismo ainda não era usada com o sentido atual, de pensamento político, pode-se dizer que havia pensamento liberal no século XVIII? A resposta divide opiniões: alguns acham que não, porque é impossível existir um conceito antes da existência da palavra que o designa, enquanto outros sustentam que o nome e a coisa não precisam caminhar juntos — e que é necessário que a coisa exista e ganhe certa força para receber um nome. Independente dessa discussão sobre quem vem primeiro, basta saber que, antes do surgimento da palavra liberalismo e do adjetivo liberal, havia um grupo defendendo posições que depois seriam pilares do liberalismo. (Aqui e no resto do livro, vou usar "pilar" como sinônimo de base de sustentação. É como num edifício: você pode mudar várias paredes, mas não pode mexer no pilar, porque é ele que mantém o edifício em pé.)

José Guilherme Merquior (1941-91), autor liberal brasileiro, ofereceu uma solução interessante para essa questão: ele se refere às primeiras ideias liberais como "protoliberalismo". O prefixo "proto" dá esse sentido de começo, de ser algo anterior.*

Em resumo, embora o nome liberalismo e a possibilidade de alguém se dizer liberal só tenham aparecido na década de 1810, ideias que podem ser consideradas protoliberais surgem antes disso. E, no âmbito do protoliberalismo, três revoluções são cruciais, pois propiciaram o aparecimento de noções fundamentais para o liberalismo: a Revolução Gloriosa na Inglaterra; a Revolução Americana ou Independência dos Estados Unidos, e a Revolução Francesa. Vamos ver em detalhe cada uma delas.

---

* José Guilherme Merquior, *O liberalismo: antigo e moderno*. 3. ed. Trad. de Henrique de Araújo Mesquita. São Paulo: É Realizações, 2016. E-book, posição 356.

# Protoliberalismo e as três revoluções

Antes de nos aprofundarmos na questão do protoliberalismo, é preciso voltar no tempo e entender o contexto anterior aos três episódios decisivos — Revolução Gloriosa, Revolução Americana (ou Independência dos Estados Unidos) e Revolução Francesa. José Guilherme Merquior dizia que o liberalismo "nasceu como um protesto", então é preciso ver contra qual mundo se dirigia o protesto — mais precisamente, a Europa da Idade Média e da Idade Moderna.*

Quando fazemos uma viagem e visitamos um lugar histórico, em geral o guia turístico diz: "Vejam como esse povo era avançado! Eles já faziam tal e tal coisa como nós fazemos hoje!". Para mim, essa ideia é um pouco estranha e equivocada, porque um povo que viveu no passado não é interessante pelas semelhanças conosco, mas por suas particularidades. Sem contar que fazer algo de outro jeito não significa ser atrasado. Cada sociedade, em cada momento, tem suas particularidades — e a época que vamos

---

* Ibid., posição 371.

ver é muito diferente da nossa. O passado é um território estrangeiro e pouco familiar.

Uma das diferenças mais importantes entre nosso mundo e esse passado diz respeito a como os indivíduos eram encarados então, e como hoje nós os vemos. O liberalismo contribuiu de modo decisivo para criar a ideia de que nossa sociedade é uma sociedade de indivíduos. Ou seja: para nós, o fundamental são as pessoas, e a vida em comunidade é a forma que as pessoas encontraram de expressar e realizar suas vontades, desejos, prazeres, opiniões. É em sociedade que os indivíduos se protegem, têm acesso a bens de consumo, recebem alguma assistência, realizam vontades do corpo e do espírito. A sociedade, portanto, está a serviço dos indivíduos.

Sempre foi assim? Não. Houve um tempo em que não havia a noção de indivíduo que temos hoje. A Idade Média era uma sociedade de três ordens: a ordem dos que rezam, ou seja, o clero; a ordem dos que guerreiam, ou seja, a nobreza; a ordem dos que trabalham, sobretudo os camponeses. Segundo essa visão, o mundo seria coeso, harmônico e ordenado, ou seja, funcionaria de modo perfeito, exato, simétrico, de acordo com a vontade de Deus.* O homem entenderia essa perfeição e conseguiria enxergar a lógica de funcionamento do mundo? Não, porque somos limitados, mas ambas, a ordem e a perfeição, estão lá, organizando o nosso viver.

Quem já leu a Bíblia deve ter notado que, segundo o livro de Gênesis, Deus não apenas criou o mundo, mas também o ordenou, pôs tudo em ordem.** As Escrituras dizem que Deus pôs as

---

* Georges Duby, *As três ordens ou o imaginário do feudalismo*. Trad. de Maria Helena Costa Dias. Lisboa: Editorial Estampa, 2014.
** "[1]No princípio, Deus criou o céu e a terra. [2]Ora, a terra estava vazia e vaga, as trevas cobriam o abismo, e um sopro de Deus agitava a superfície das águas.

aves no céu e os peixes no mar, que separou o dia da noite... Ou seja, a atividade de Deus foi criar coisas que não existiam e — o mais importante para o meu argumento — organizá-las em seu devido lugar.

Isso também vale para as pessoas. No mundo do Antigo Regime, é justamente esse lugar preestabelecido por Deus que dá sentido à vida das pessoas. Tomemos como exemplo um camponês chamado Jean. Suas características — o que ele faz, do que gosta, onde mora — não são fruto de uma personalidade única, de suas vontades, de sua escolha, mas de sua condição de camponês. Ele não é especial em nada, porque todo camponês como ele é basicamente igual, vive e sente de acordo com a ordem da qual faz parte. É ela que o define. É claro que no mundo medieval havia a noção de que cada pessoa tem um jeito de ser ou traços físicos próprios — um é mais alto, outro mais baixo, um mais extrovertido, outro mais tímido —, mas essa distinção era secundária perto

---

[3]Deus disse: 'Haja luz', e houve luz. [4]Deus viu que a luz era boa, e Deus separou a luz e as trevas. [5]Deus chamou à luz 'dia' e às trevas 'noite'. Houve uma tarde e uma manhã: primeiro dia. [6]Deus disse: 'Haja um firmamento no meio das águas e que ele separe as águas das águas', e assim se fez. [7]Deus fez o firmamento, que separou as águas que estão sob o firmamento das águas que estão acima do firmamento, [8]e Deus chamou ao firmamento 'céu'. Houve uma tarde e uma manhã: segundo dia. [9]Deus disse: 'Que as águas que estão sob o céu se reúnam num só lugar e apareça o continente', e assim se fez. [10]Deus chamou ao continente 'terra' e às massas das águas 'mares', e Deus viu que isso era bom. [11]Deus disse: 'Que a terra verdeje de verdura: ervas que deem semente e árvores frutíferas que deem sobre a terra, segundo sua espécie, frutos contendo sua semente', e assim se fez. [12]A terra produziu verdura: ervas que dão semente segundo sua espécie, árvores que dão, segundo sua espécie, frutos contendo sua semente, e Deus viu que isso era bom. [13]Houve uma tarde e uma manhã: terceiro dia. [14]Deus disse: 'Que haja luzeiros no firmamento do céu para separar o dia e a noite; que eles sirvam de sinais, tanto para as festas quanto para os dias e os anos;[15]que sejam luzeiros no firmamento do céu para iluminar a terra [...]'." *Bíblia de Jerusalém*. Trad. de Domingos Zamagna. São Paulo: Paulus, 2002.

da constatação de que o que as unia era o lugar que lhes coubera no mundo, de acordo com a vontade de Deus.

É por isso que nesse mundo, em regra, não existe a figura do *selfmade man*, aquele sujeito capaz de sair de uma posição social inferior e ficar rico, conquistar poder, transcender o lugar em que nasceu. Quem nasce camponês jamais termina nobre ou rei. A não ser nos contos de fadas, e olhe lá, pois nas histórias, se um camponês vira rei é porque ele já era rei e estava naquela situação por causa de algum feitiço ou engano. Quando a princesa beija o sapo, ela quebra o encanto e ele retoma a condição de príncipe.

Na visão de mundo típica da Idade Média, o lugar que coube a uma pessoa na ordem social não pode ser mudado. Isso porque ele representa não só a vontade de Deus expressa *no momento* da Criação e que ficou no passado, mas a vontade de Deus agora, *no momento presente*. É a noção da história como o desenrolar da providência divina: tudo o que já aconteceu, tudo o que está acontecendo e tudo o que acontecerá é fruto da vontade de Deus, e, por essa lógica, os homens não podem mudar a história. O liberalismo apresentará outra visão: os homens podem fazer a história. Na verdade, para os liberais sempre foi assim, já que todo o progresso que podemos enxergar é obra humana, ainda que essa obra coincida em alguma medida com a vontade divina.*

Quando o liberalismo bota na mesa a ideia de que os homens têm como característica inata a luta para viver cada vez melhor, que essa luta é movida por um sentimento egoísta que ao final resulta em um bem para todos, trata-se de um argumento revolucionário. O mesmo acontece quando essa corrente afirma que há uma dimensão da vida do indivíduo na qual nem Estado nem Igreja

---

* Reinhart Koselleck, *Crítica e crise: Uma contribuição à patogênese do mundo burguês*. Trad. de Luciana Villas-Boas Castelo-Branco. Rio de Janeiro: Editora UFRJ; Contraponto, 2006. E-book.

deveriam se intrometer, e que é preciso tecer uma complexa rede de regras que limitem essa possibilidade de intervenção. Assim sendo, sim, o liberalismo nasceu como um grito inconformista.

Esse tempo anterior aos três grandes eventos históricos também carrega uma forte noção de igualdade — uma igualdade bem diferente da nossa, mas ainda assim igualdade. Pode parecer estranho, porque pensamos essa época como uma era de desigualdade, sobretudo devido ao peso da nobreza, que se apresenta como diferenciada em função de sua linhagem e sangue. Está certo pensar assim, é mesmo um tempo de desigualdade, mas a realidade é mais complexa. Convivem na mentalidade dos que viveram naquele período uma noção de desigualdade intransponível com uma noção de igualdade que também não pode ser alterada. Que igualdade é essa?

Se tomarmos como referência a visão cristã — então absolutamente dominante —, Deus criou os homens e as mulheres à sua imagem e semelhança, mas o casal original pecou logo no comecinho da história. Note de onde vem a igualdade da qual falei: esse pecado original se transmite de pais para filhos e está cravado na carne de *toda* a humanidade, de modo que todos somos igualmente pecadores e, portanto, distantes de Deus.

Na verdade, é consequência inevitável dessa visão a ideia de que todos somos irmãos, porque a humanidade descende de Adão e Eva, os únicos humanos criados por Deus. Esse primeiro casal faz de todos nós iguais e irmãos, inclusive nos defeitos, já que eles nos legaram tanto o pecado original quanto as penalidades que Deus impôs naquele momento inicial.*

Essa igualdade é central para compreender esse mundo que desapareceu: não há ninguém especial nele, já que essas caracterís-

---

* Antonio Manuel Hespanha, *A ordem do mundo e o saber dos juristas: Imaginários do antigo direito europeu*. Lisboa: [s.n.], 2017. E-book, posição 967.

ticas humanas são de todos — camponês, bispo, nobre e rei. Não estranhe a presença do rei nessa condição de igualdade: apesar de algumas concepções medievais conferirem ao soberano dons divinos (curar algumas doenças com o toque, por exemplo), ele não deixa de carregar na carne o pecado original, como qualquer mortal.* Tanto que a Igreja, no correr dos séculos, excomungou e declarou heréticos uma série de monarcas, o que não poderia ter ocorrido se o rei fosse perfeito, incorruptível etc.**

Hoje temos outra noção do par igualdade e desigualdade, e também do que significa ser um indivíduo. Em nosso mundo, cada ser humano tem histórias, opiniões e sentimentos que o diferenciam dos outros, ou seja, ninguém é igual a ninguém. Cada pessoa é portadora de vontades e opiniões que precisam ser ouvidas e respeitadas, desde que não contrariem a lei. Claro que essa compreensão varia conforme a organização das sociedades, se mais individualista ou sociocêntrica,*** e de acordo com o impacto da crença religiosa na ordem política, entre outras questões.

"Mas no mundo do Antigo Regime as pessoas não tinham vontade própria?", você deve estar se perguntando. É claro que sim, mas em geral manifestá-la não era uma boa ideia. Havia uma aceitação da vontade dos reis, da vontade de um contratante, da vontade de alguém hierarquicamente superior em relação a al-

---

* Marc Bloch, *Os reis taumaturgos: O caráter sobrenatural do poder régio — França e Inglaterra*. 2. ed. Trad. de Julia Mainardi. São Paulo: Companhia das Letras, 2018.
** Para um desses casos de excomunhão, ver Georges Duby, *O cavaleiro, a mulher e o padre* (Trad. de Jorge Coli. São Paulo: Editora Unesp, 2022, p. 10). Sobre as disputas entre monarquia e Igreja, vale a pena assistir à série televisiva *The Tudors*.
*** Jonathan Haidt, *A mente moralista: Por que pessoas boas são segregadas por política e religião*. Rio de Janeiro: Alta Books, 2020. E-book, posições 16-23.

guém inferior.* Ao mesmo tempo, havia uma desconfiança acerca dessas vontades, porque na verdade elas são em sua maioria... a manifestação da natureza pecadora da humanidade. E cada uma carrega um nome: vontade de se igualar a Deus, soberba; de sexo, luxúria; de bens de terceiros, cobiça.** Em outras palavras, a manifestação da vontade é, em muitos casos, a exposição de uma natureza humana pecadora comum a todos.

Na modernidade, pelo contrário, realizar nossas vontades é a coisa mais natural do mundo e talvez seja a própria razão de nossa vida: escolher uma profissão, escolher o que comprar, a pessoa que vamos namorar, com quem vamos transar, casar. Escolher o que queremos vestir. Nossa posição política. Nossos candidatos na próxima eleição. Nossa biografia e nossa trajetória. No campo econômico, o liberalismo vai bem mais longe, pois faz da vontade individual de viver cada vez melhor o motor da prosperidade e da felicidade de todos: é ela que impulsiona o mundo moderno, que move a história.

É claro que as leis e os costumes sociais vão impor limites a essa ação individual — a essa trajetória que é, fundamentalmente, um caminho de realização de vontades —, sobretudo se ela puser em risco a saúde, a propriedade, o conforto e os direitos dos outros. Estes limites estão no nosso dia a dia, certo? Ah, mas eu tenho vontade de fazer xixi na piscina: não pode, meu bem, faça porcaria na sua casa. Ah, eu tenho vontade de jogar pedras nas pessoas que passam na calçada: também não vai dar. Ah, eu não quero tomar vacina, quero ficar transmitindo vírus por aí... Veremos mais sobre essa liberdade no próximo capítulo. O mundo

---

* Antonio Manuel Hespanha, op. cit., posições 375-848.
** Leandro Karnal, *Pecar e perdoar: Deus e o homem na história*. Rio de Janeiro: HarperCollins, 2017; Gordon S. Wood, *The American Revolution: A History*. Nova York: Modern Library, 2002.

da liberdade individual é o mundo do liberalismo, criado nos escombros do mundo que o precedeu.

## REVOLUÇÃO GLORIOSA

O mundo anterior não começou a ruir com o liberalismo: já no século xv, ou mesmo antes, havia sinais de rachaduras.* O liberalismo, porém, foi a contestação organizada e frontal que se mostrou decisiva para pôr abaixo a antiga concepção de mundo.

O primeiro momento em que é possível identificar traços significativos do protoliberalismo se deu na segunda metade do século xvii, na Inglaterra, que então vivia uma série de processos inéditos cujo ponto alto foi a Revolução Gloriosa (1688-9).** Entre Parlamento e Coroa havia uma luta antiga, uma tensão que no correr dos anos resultara em uma lenta e paulatina transferência de parte do poder para a nobreza.*** Essa batalha de longo curso,

---

* Johan Huizinga, *O outono da Idade Média: Estudo sobre as formas de vida e de pensamento dos séculos XIV e XV na França e nos Países Baixos*. Trad. de Francis Petra Janssen. São Paulo: Penguin-Companhia das Letras, 2021.

** O historiador Lawrence Stone (1919-99), em *Causas da Revolução Inglesa: 1529-1642* (Bauru: Edusc, 2000, esp. pp. 115-67), mostra que a divisão de poderes entre nobreza e Coroa, consubstanciada em uma divisão de atribuições, é anterior ao século xvii, antecedendo, portanto, duas grandes revoluções que aconteceram na Inglaterra naquela centúria. Esse processo lento de transferência de poder é produto tanto de uma atividade da aristocracia de subtrair poderes da Coroa quanto do fracasso da monarquia em promover uma centralização "pós-medieval" nos moldes do que ocorreria na França.

*** "Em meados do século x, os diversos reinos anglo-saxões dispersos pelas ilhas britânicas já estavam unificados sob o reino da Inglaterra. Com a invasão normanda, em 1066, foram introduzidas as instituições feudais, cujo desenvolvimento consolidou a força política dos barões, que impuseram ao rei João Sem Terra [1166-1216], em 1215, a Magna Carta. Pouco à frente, ainda no século xiii, começou a ganhar forma o Parlamento, convocado e controlado pelo rei,

cheia de idas e vindas, sempre teve nas questões religiosas um ponto crítico. A Inglaterra era protestante e tinha como religião oficial o anglicanismo, mas tolerava o catolicismo irlandês e o presbiterianismo da Escócia, além de uma série de outras denominações religiosas ditas puritanas.

Antes de Jaime II (1633-1701), o monarca derrubado pela Revolução Gloriosa, a Inglaterra tinha vivido sob o comando de Carlos II (1630-85), que parte importante da nobreza considerava simpático ao catolicismo. Seu sucessor, Jaime II, também era visto assim, um soberano próximo ao papado. A somatória de antigos conflitos entre realeza e nobreza, o surgimento de novos setores com poder econômico e as desconfianças em relação à proximidade do rei com o catolicismo desembocaram na derrubada do monarca e deram início a um período no qual os poderes do Parlamento se ampliaram decisivamente.*

Com o sucesso dessa revolução — que ocorre, vale lembrar, um século antes da francesa —, a Inglaterra continuou sendo uma monarquia, estrutura que permanece até hoje. Mas nesse século de lutas nasce uma monarquia diferente: o Parlamento passa a ser

---

integrado por aristocratas e clérigos, bem como por representantes da baixa aristocracia e da burguesia urbana. Ao final do século XVI, a Inglaterra já havia se firmado como uma monarquia estável, um Estado protestante e uma potência naval. Ali seriam lançadas, ao longo do século XVII, as bases do constitucionalismo moderno, em meio à turbulência institucional resultante da disputa de poder entre a monarquia absolutista e a aristocracia parlamentar." Luis Roberto Barroso, *Curso de direito constitucional contemporâneo: Os conceitos fundamentais e a construção do novo modelo*. 5. ed. São Paulo: Saraiva, 2015, pp. 34-5.

* Guilherme (William) de Orange (1650-1702), invasor vindo da Holanda, casado com Mary (1662-94), irmã do rei deposto, torna-se o novo monarca, já sob um regime de supremacia do Parlamento com seus poderes limitados pela Bill of Rights (1689). Ver Luis Roberto Barroso, op. cit., p. 35; ver também Christopher Hill, *O século das revoluções: 1603-1714* (Trad. de Alzira Vieira Allegro. São Paulo: Editora Unesp, 2012).

muito forte e ocorre uma real divisão dos poderes. Abre-se, ainda, espaço para que o reino se transforme em uma enorme potência, já que as forças econômicas que estavam constritas pelo regime anterior podem se desenvolver plenamente. Um dos grandes historiadores desse instante decisivo, Christopher Hill (1912-2003), explica essas transformações comparando o período dos Stuart, no início do século xvii, e o da rainha Ana (1665-1714), pouco mais de cem anos depois, quando as convulsões revolucionárias levaram a Inglaterra a uma modernização pioneira em relação às outras potências:

> A Inglaterra de 1603 era uma potência de segunda classe; a Grã-Bretanha de 1714 era a maior potência mundial. Sob o reinado de Jaime e de Carlos, a colonização inglesa da América estava apenas começando; sob o reinado de Ana, a Inglaterra possuía um vasto império na América, na Ásia e na África — e questões coloniais foram decisivas na formulação de planos de ação. A Companhia das Índias Ocidentais foi constituída em 1601; um século depois, era a mais poderosa corporação do país. No início de nosso período, alguém apontou como evidência da desordem daqueles tempos o fato de que alguns mercadores estavam tão ricos quanto pares do reino; antes do final do período, muitas famílias nobres haviam salvado suas fortunas, garantindo um casamento vantajoso na City — o centro comercial e financeiro de Londres.[*]

Podemos notar, nesse contexto, dois princípios fundamentais que se tornaram constitutivos do liberalismo: a tolerância religiosa e o governo constitucional.[**] Naquele momento, a tole-

---

[*] Christopher Hill, op. cit., p. 6.
[**] José Guilherme Merquior, *O liberalismo: antigo e moderno*, op. cit., posição 28.

rância religiosa era a garantia de que as pessoas podiam escolher a religião que bem entendessem, com base numa decisão própria.

O que ocorria na Inglaterra somava-se a eventos que aconteciam na Europa, que havia mergulhado em sangrentas guerras religiosas provocadas por conflitos entre católicos e protestantes, e mesmo entre as diversas denominações protestantes. A única saída era a tolerância religiosa. Transformar a crença em questão de foro íntimo foi a maneira de dar um basta à guerra civil que permeava o continente.

Por que a tolerância religiosa — ainda que limitada, já que as minorias não tinham, em linha geral, todos os direitos da maioria — era tão importante? Com ela, o Estado passava a reconhecer que um indivíduo, a partir de razões que eram só suas, poderia fazer uma escolha respeitando a própria consciência. Podia escolher sua crença e vivê-la, ainda que na maioria dos casos apenas de forma privada, sem buscar convencer outros, sem pregar publicamente. Em termos práticos, para quem exerce o poder, a medida arrefece a temperatura social. Sim, a tolerância religiosa pode ser vista como uma brecha pequena, mas ela deu margem para que ocorresse um fenômeno bem ao estilo do ditado "Onde passa um boi, passa uma boiada".

Com esse precedente, o espaço foi se ampliando pouco a pouco, consolidando a ideia de que as crenças do indivíduo deveriam ser respeitadas, sobretudo quando dissessem respeito apenas a ele, sem causar prejuízo ou dano a ninguém. Foi a partir desse movimento que começou a ganhar força a premissa de que todo mundo pode ter uma opinião, mesmo se o assunto não for religioso. A tolerância religiosa foi uma daquelas rachaduras que de início não parecem muito graves, mas que com o tempo são capazes de pôr abaixo um edifício todo.

Já o governo constitucional — o segundo legado da Revolução Gloriosa — submete todos os governantes, inclusive o rei, a alguns postulados fundamentais que vão além da religião e garantem que todo poder tem limites estabelecidos previamente. Embora os reis sempre tenham sido obrigados a seguir determinadas regras, a novidade agora é uma regulamentação bem mais dura, com o objetivo explícito de reduzir os poderes do soberano. E uma das maneiras de fazer isso é transferindo ao Parlamento poderes que antes eram do monarca. O poder régio diminui, enquanto o do Parlamento sai fortalecido. Um novo equilíbrio se instaura.

Os ingleses promovem essas mudanças sem dizer que estão inventando um sistema: argumentam que já existia uma constituição histórica que sempre havia funcionado, eles estariam apenas reconquistando uma antiga liberdade.* Na Revolução Francesa, por exemplo, ocorre o inverso.** Eu adoro esse mecanismo, muito presente na política: há momentos em que as coisas mudam mas se diz que tudo continua como antes, e outros em que tudo continua como antes e se diz que está havendo uma grande mudança. Essa relação entre mudança e continuidade será mais bem discutida no capítulo sobre conservadorismo.

Importa ter em mente que é aqui que nasce a ideia de que a lei é um instrumento para limitar poderes, sobretudo porque um dos pilares decisivos do liberalismo é uma profunda desconfiança em relação ao poder estatal, o receio de que pode crescer a ponto de cercear a liberdade dos indivíduos. O controle dos tentáculos do Estado é fundamental para os liberais.

---

* J. G. A. Pocock, *La Ancient Constitution y el derecho feudal.* Trad. de Santiago Díaz H. Sepúlveda e Pilar Tascón Aznar. Madri: Tecnos, 2011; Paul Marlor Sweezy et al., *A transição do feudalismo para o capitalismo: Um debate.* 4. ed. Trad. de Isabel Didonnet. São Paulo: Paz & Terra, 1977.

** Uma proposta de reflexão: mesmo na Revolução Francesa, que adota o slogan da mudança, o argumento repousa em direitos naturais de todos os homens — portanto anteriores ao estado atual das coisas —, que estariam sendo desrespeitados pela ordem estabelecida.

Com essas duas mudanças, os primeiros traços do que viria a ser o liberalismo começam a despontar na Inglaterra. A importância disso tudo foi tão grande que, pouco depois, quando em outros países alguém defendia uma restrição dos poderes do Estado, falava-se em adotar o "modelo inglês" para evitar que o poder fosse exercido de forma arbitrária. Defender que o melhor caminho era "fazer como na Inglaterra", elogiar o modelo inglês, era uma forma de apoiar a restrição dos poderes da Coroa, deixando claro que não se estava defendendo a superação da monarquia.*

Imaginemos a França pré-revolução de 1789. Uma monarquia absolutista, mas na qual também florescia o Iluminismo, com pensadores radicais como Rousseau (1712-78) e Diderot (1713-84). Vários intelectuais defendiam reformas — alguns inclusive a favor de mudanças bem radicais —, num reino em que a Coroa concentrava considerável parte dos poderes e o rei desejava manter tudo como estava. Em outros reinos da Europa, o cenário era parecido: uma série de pensadores reformistas conviviam com o poder absolutista. Mesmo onde havia uma aliança entre soberanos e intelectuais reformistas, a possibilidade de propor mudanças no sistema político era restrita. Por isso, falar em modelo inglês era um modo de defender a necessidade de impor limites ao rei, mas sem deixar espaço para a acusação de que o objetivo era instituir uma república. Mesmo que, no fundo, o objetivo fosse... justamente esse. Como a Inglaterra havia feito todas essas mudanças e continuava monárquica, defender o modelo inglês assegurava uma luta por mudanças sem acabar encarcerado na prisão da Bastilha. Quando não há muita liberdade, é comum que

---

* Julio César Vellozo, *Constituição e responsabilidade no Império do Brasil: Embates Parlamentares sobre a responsabilização de ministros, magistrados e empregados públicos em geral.* Curitiba: Juruá, 2017, pp. 29-30.

as ideias políticas se insinuem, meio disfarçadas, embaladas em outras. Os interessados e aliados entendem o que você está defendendo, mas você não diz nada que possa incriminá-lo no tribunal. E essa estratégia vale não só para o liberalismo.

## A INDEPENDÊNCIA DOS ESTADOS UNIDOS

A segunda revolução fundamental para compreender a emergência do liberalismo é a Independência dos Estados Unidos, em 1776. Foi um momento no qual um grupo de pessoas decidiu simplesmente... criar um país novo!

Era uma novidade. Os reinos e as repúblicas diziam vir de muito longe, existir havia muito tempo. Quando algum nobre separava um pedaço de terra para constituir um lugar novo sob seu domínio ou influência, sempre argumentava que estava recuperando direitos de algum antepassado, reconstituindo um lugar que alguém havia tomado em certo momento da história. Reinos e repúblicas eram sempre apresentados como muito antigos, mesmo se novinhos em folha. Já vimos o exemplo inglês.

Para criar um país — como ocorreu com os Estados Unidos — foi preciso articular um conjunto de razões, fosse para explicar o que estava acontecendo aos habitantes de um território que até então era parte da Inglaterra, fosse para que aqueles povos e o resto do mundo considerassem justa aquela decisão. Decisão que tinha que ser vista como justa inclusive aos olhos de Deus. É bom lembrar que a liberdade de consciência na Inglaterra não encerrou as perseguições contra dissidentes, e boa parte dos habitantes do novo território era gente muito religiosa, que tinha atravessado o oceano justamente por serem cristãos ainda mais observantes dos preceitos religiosos do que os outros. É uma questão de estratégia: a explicação tem que fazer sentido para quem a escuta — e nós nos organizamos em torno de narrativas e boas histórias.*

Era igualmente necessário explicar ao mundo que o que estava sendo feito era justo e razoável. Até porque o novo país precisava do reconhecimento e da legitimidade das outras nações para fazer comércio, receber representantes e participar de tratados internacionais. Isso não era simples, já que vários outros reinos europeus tinham suas colônias e o exemplo dos Estados Unidos poderia levá-las a buscar o mesmo caminho de separação.

Esse processo tem tudo a ver com o liberalismo. Uma das justificativas mais importantes para a independência foi que vários direitos dos cidadãos que habitavam aquele território haviam sido usurpados e desrespeitados pela Inglaterra, pisoteados pela Coroa e pelos poderosos que viviam na Europa. Mas de quem eram esses direitos que estavam sendo desrespeitados? Não eram de um rei, de uma família nobre ou de uma casa aristocrática, mas de todos os *homens livres* que moravam ali. Eram direitos naturais, que cada cidadão tinha *individualmente*.**

A ideia de que havia direitos que eram dos indivíduos livres não era nova — e de certo modo aparece na obra de John Locke, por exemplo, em seus *Dois tratados sobre o governo*, publicados em 1689, quase um século antes.*** Importa, aqui, perceber como faz diferença esse pensamento sair dos livros e ganhar as ruas. No

---

\* Yuval Noah Harari, *Sapiens: Uma breve história da humanidade*. Trad. de Jorio Dauster. São Paulo: Companhia das Letras, 2021.
\*\* Georg Jellinek, *La declaración de los derechos del hombre e y del ciudadano*. Trad. de Adolfo Posada. Granada: Comares, 2009, esp. pp. 55-91.
\*\*\* John Locke, *Dois tratados sobre o governo*. 2. ed. Trad. de Julio Fischer. São Paulo: Martins Fontes, 2005.

caso dos Estados Unidos, ele se tornou o discurso que embasa a constituição de um país.*

Inúmeros textos, panfletos, discursos e manifestos escritos no processo da criação desse novo país defendiam os direitos individuais, mas um deles entrou para a história: a Declaração de Independência dos Estados Unidos. Era o texto que anunciava que as colônias estavam se separando da Inglaterra e explicava as razões dessa emancipação — e que mais tarde seria traduzido e lido no mundo todo, espalhando rapidinho suas ideias pela Europa e sobretudo pelas Américas.**

Segundo a Declaração de Independência, esses direitos eram "autoevidentes", ou seja, não precisavam estar escritos em lugar nenhum, nem precisavam ser leis — advinham do simples fato de aquelas pessoas serem humanas. Além disso, não era preciso estudar direito, ser intelectual ou receber uma iluminação divina para identificá-los — seu entendimento estava ao alcance de qualquer pessoa dotada de razão. A declaração diz o seguinte: "Consideramos estas verdades como autoevidentes: que todos os homens são criados iguais, dotados pelo seu Criador de certos Direitos inalienáveis, que entre estes estão a Vida, a Liberdade e a busca da Felicidade".***

Bem, as pessoas que escreveram essas belas palavras, inclusive Thomas Jefferson (1743-1826), líder do grupo, eram, em sua maioria, senhores de escravos e defensores da escravidão. Bela contradição, não? Ou seja, todos os homens são dotados pelo Criador de direitos que são inalienáveis... menos os escraviza-

---

\* Leandro Karnal et al., *História dos Estados Unidos: Das origens ao século XXI*. São Paulo: Contexto, 2007.

\*\* David Armitage, *Declaração de Independência: Uma história global*. Trad. de Angela Pessoa. São Paulo: Companhia das Letras, 2011.

\*\*\* Lynn Hunt, *A invenção dos direitos humanos: Uma história*. Trad. de Rosaura Eichenberg. São Paulo: Companhia das Letras, 2009.

dos? Pois é. Essa é apenas uma das inúmeras incongruências que atravessam a história.

A Independência dos Estados Unidos levanta um ponto crucial: o surgimento de um Estado se justificava pela defesa da liberdade *individual* de seus habitantes. Os ataques aos direitos e a essa liberdade, repito, motivaram a criação de um país onde eles pudessem ser respeitados. A liberdade dizia respeito sobretudo à interferência do Estado na vida dos cidadãos. Afinal, se a liberdade precisa ser defendida é porque ela está sendo ameaçada.

Ameaçada por quem? Pelo poder do Estado, que precisava ser contido por uma série de mecanismos. Como estamos tratando de uma república, não havia um rei a ser controlado, e portanto os esforços buscavam evitar que instituições como o Executivo, o Legislativo e o Judiciário acabassem por usurpar as liberdades individuais. Houve, nos Estados Unidos, uma atenção especial ao Parlamento nacional. Era preciso impedir que leis feitas pelos parlamentares acabassem por tolher direitos dos indivíduos.* A Independência dos Estados Unidos vai, assim, dar força a uma ideia antiga, recauchutada na Inglaterra, trabalhada por Montesquieu e transformada num dos pilares do liberalismo: deixado ao natural, o poder degenera em tirania, porque sempre tende a se concentrar.** Quem tem poder quer mais poder e, se nada

---

\* Bartolomé Clavero, *Happy Constitution: Cultura y lengua constitucionales*. Madri: Trotta, 1997; Gabriela Prioli, *Política é para todos*. São Paulo: Companhia das Letras, 2021, pp. 50-1.

\*\* Para Montesquieu, em *O espírito das leis* (Trad. de Fernando Henrique Cardoso e Leôncio Martins Rodrigues. Brasília: Editora UnB, 1982, livro xi, cap. 4), "todo homem que tem poder é tentado a abusar dele; vai até onde encontra limites". Para John Locke, em *Segundo tratado sobre o governo* (São Paulo: Martin Claret, 2006, cap. xii, p. 106), "poderia ser tentação excessiva para a fraqueza humana a possibilidade de tomar conta do poder, de modo que os mesmos que têm

for feito, ele o terá. E a concentração desse poder acabará resultando na restrição da liberdade dos indivíduos.* Dali a poucos anos — ainda estamos no cenário de protoliberalismo —, ser liberal significará defender um modelo político no qual o poder seja impedido de se desenvolver de forma natural, porque senão ele pode acabar prejudicando os indivíduos. Antes mesmo que a palavra liberalismo fosse cunhada, os líderes da Independência dos Estados Unidos já estavam tentando encontrar esse modelo.

## A REVOLUÇÃO FRANCESA

A terceira revolução é ainda mais importante que as anteriores para se compreender o liberalismo. Se a Revolução Gloriosa da Inglaterra e a Independência dos Estados Unidos já causaram impacto, a Revolução Francesa e suas consequências são a hora da verdade — tanto pelas ideias que ela propaga, como pelas análises posteriores que dela fizeram vários pensadores e pensadoras.

Vários dos liberalismos se inspiram em balanços da Revolução Francesa, visões construídas a partir de um apanhado dos erros e acertos desse gigantesco evento da história, fundamental também para entender o socialismo e o conservadorismo.

Para muitas pessoas, inclusive com posições políticas muito diversas, a Revolução Francesa inaugura o tempo em que vivemos, é o marco fundador do nosso mundo.** Uma série complexa de fatores desencadeou esse grande evento histórico — existe uma

---

a missão de elaborar as leis também tenham em mãos o poder de executá-las, isentando-se da obediência das leis que fazem, e com a possibilidade de amoldar a lei, não só na sua elaboração como na sua execução, a favor de si mesmos".
* Luis Roberto Barroso, op. cit., pp. 208-11.
** Eric Hobsbawm, *A era das revoluções*, op. cit., posição 286.

bibliografia gigante sobre ela —,* mas nesse momento vamos relembrar alguns dos pontos que nos interessam aqui.

A França vivia uma grave crise. O reino estava falido, as contas públicas passaram os anos 1700 no vermelho e, para piorar, o país havia se metido na briga da Independência dos Estados

---

* A bibliografia sobre a Revolução Francesa é enorme, e faço aqui indicações gerais, apresentando um pouco o escopo de cada obra. Para uma sistematização dos grandes debates sobre a revolução, ver Jacques Godechot, "As grandes correntes da historiografia da Revolução Francesa, de 1789 aos nossos dias" (*Revista de História*, São Paulo, v. 39, n. 80, pp. 423-70, 2017). Para polêmicas sobre a revolução entre marxistas e liberais, ver, pelo lado dos marxistas, Michel Vovelle, *Combates pela Revolução Francesa* (Trad. de Maria Lucia Panzoldo. Bauru: Edusc, 2004), e, pelo dos liberais, François Furet, *A Revolução Francesa em debate* (Bauru: Edusc, 2001) e *Pensando a Revolução Francesa* (Trad. de Luiz Marques e Martha Gambini. São Paulo: Paz & Terra, 1989). Para uma compreensão mais didática da revolução, sempre recomendo Michel Vovelle, *A Revolução Francesa explicada à minha neta* (Trad. de Fernando Santos. São Paulo: Editora Unesp, 2007). Para o impacto da Revolução Francesa na colônia de Saint-Domingue e o processo da Revolução Haitiana, há o grande clássico C. L. R. James, *Os jacobinos negros: Toussaint L'Ouverture e a revolução de São Domingos* (Trad. de Afonso Teixeira Filho. São Paulo: Boitempo, 2000). Para compreender as crises que se combinaram e levaram à queda da Bastilha, há o excelente Georges Lefebvre, *1789: O surgimento da Revolução Francesa* (Trad. de Claudia Schilling. São Paulo: Paz & Terra, 2019). Para um estudo de temas específicos da revolução, é de enorme utilidade o *Dicionário crítico da Revolução Francesa* (Trad. de Henrique de Araújo Mesquita. Rio de Janeiro: Nova Fronteira, 1989), de François Furet e Mona Ozouf. Da mesma Mona Ozouf, há o delicioso *Varennes: A morte da realeza, 21 de junho de 1791* (Trad. de Rosa Freire d'Aguiar. São Paulo: Companhia das Letras, 2009), que narra a fuga da família real e sua captura, queda e condenação à morte. Como história geral da revolução, dentre muitas obras, destaco Michel Vovelle, *A Revolução Francesa: 1789-1799*, op. cit., e Albert Soboul, *A Revolução Francesa* (São Paulo: Difel, 1985). A paixão pelo tema me levou a montar o curso "Revolução Francesa, eu fui", com Silvio Almeida, Julio César Vellozo e Humberto Fabretti, que reeditamos de tempos em tempos, em geral no dia 14 de julho, data da Queda da Bastilha, o grande feriado nacional dos franceses (para mim, a data é ainda mais importante, porque é aniversário do meu marido, Thiago Mansur).

Unidos do lado dos rebeldes. Embora os franceses tenham adorado derrotar sua grande adversária Inglaterra, participar da guerra custou caro.

Para debelar a crise, o rei decidiu, entre outras medidas, cobrar mais impostos da nobreza, que praticamente não pagava nada. Os nobres, é claro, torceram o nariz. Havia na França instâncias judiciárias chamadas de parlamentos — não confundir com os parlamentos de deputados, representantes do povo, que logo surgiriam. Nesses parlamentos formados por juízes, conviviam ideias progressistas do Iluminismo e defesas de velhos preconceitos e interesses da nobreza. E eles começaram a boicotar, postergar e inviabilizar medidas tomadas pela Coroa. A crise entre nobreza e Coroa estava instalada e se ampliava de forma cada vez mais séria.

Enquanto isso, a vida dos mais pobres piorava gravemente. Colheitas desastrosas e a ação de especuladores, que escondiam trigo para forçar a subida dos preços, jogavam na miséria um contingente sobretudo urbano. Paris passava fome e explosões de revolta popular se sucediam, deixando o clima cada vez mais dramático.

Somava-se a este quadro preocupante a desmoralização da família real, que tinha em Maria Antonieta (1755-93) o alvo mais comum dos ataques. O historiador Robert Darnton (1939-) nos mostra que em Paris aportavam inúmeros escritores com o desejo de fazer sucesso, a exemplo de famosos homens de letras como Voltaire (1694-1778), Diderot e D'Alembert(1717-83). Como não havia espaço para tanta gente no centro desse palco, eles acabavam se transformando numa "boemia literária", gente que, para sobreviver, produzia panfletos duríssimos contra as figuras da época. A rainha era uma das vítimas desses ataques, que foram decisivos para o enfraquecimento da monarquia.*

---

* Robert Darnton, *Boemia literária e revolução: O submundo das letras no Antigo*

A leitura é um elemento interessante da França revolucionária, onde a taxa de alfabetização era relativamente alta no século XVIII e o consumo de panfletos, vendidos a preço muito baixo, era considerável. Dentre esses textos, os mais vendáveis eram os pornográficos; os mais violentos destruíam reputações — muitos misturavam violência e pornografia.* Mas também se espalharam por essa França leitora os jornais políticos "sérios", em geral escritos por opositores, em maior ou menor grau, da realeza. Assiste-se ao surgimento de um ambiente de crítica aos poderes constituídos, de formação de uma opinião pública. É claro que os poderes reagiam aos ataques, e o que não faltava eram publicistas que iam para a cadeia.** Mas, mesmo sem liberdade, nascia uma nova cultura política.***

Os Estados Gerais eram um instrumento de consulta ao qual a monarquia recorria desde a Idade Média. O primeiro Estado incluía padres, bispos e gente da hierarquia da Igreja; o segundo, os nobres, cujos privilégios passavam de pai para filho; o terceiro agregava todo o resto das pessoas, e, portanto, era muito diverso — de ricos que não eram nobres até pessoas que eram muito pobres. Segundo as velhas tradições, os representantes de cada estado deveriam se reunir para votar determinada pauta, cada um em seu respectivo grupo, separadamente. Ou seja, em um lugar se

---

*Regime*. Trad. de Luís Carlos Borges. São Paulo: Companhia das Letras, 1987.

* Uma observação para pensarmos o nosso tempo: a estratégia dos panfletos duríssimos garantia as vendas, assim como acontece com as manchetes sensacionalistas da atualidade. Isso nos faz pensar: são os algoritmos que moldam o nosso comportamento ou a demanda pela violência existe antes mesmo de eles se apresentarem como horizonte possível?

** Para as relações entre leitura e Revolução Francesa, recomendo a obra de Roger Chartier (1945-). Um livro que sintetiza suas pesquisas é *As origens culturais da Revolução Francesa* (São Paulo: Editora Unesp, 2009).

*** Lynn Hunt, *Política, cultura e classe na Revolução Francesa*. Trad. de Laura Teixeira Motta. São Paulo: Companhia das Letras, 2007.

reunia o clero, em outro a nobreza, e em outro ainda os demais. Vamos supor que os Três Estados estivessem discutindo se a melhor alternativa para um assunto era X ou Y. O voto de cada estado valia um. Se nobreza e clero votassem X, X tinha dois votos; se o Terceiro Estado votasse Y, Y tinha um voto. Resultado: 2 contra 1. O X venceu! E nem preciso dizer quem costumava fazer alianças... Sim, clero e nobreza. Mas note: essa eleição servia apenas de consulta. O rei só acatava o resultado se quisesse.

Podemos até pensar que seria um sistema justo caso a população estivesse dividida de forma mais ou menos igual entre os Três Estados. Mas não era o caso: havia muito mais gente no terceiro, escandalosamente sub-representado. O incômodo provocou uma mudança e o que parecia estável saiu do controle.

Os deputados do Terceiro Estado, que representava 95% da população, tomaram uma decisão que mudaria o mundo: declararam que dali em diante seriam uma Assembleia Nacional. É como se dissessem: "Nós representamos toda a França, então vamos fazer as leis, que valerão para todos, inclusive para o rei". Fizeram isso e chamaram os outros estados — nobreza e clero — a se juntar a eles, formando uma assembleia única.

Luís XVI (1754-93) evidentemente não aceitou essa nova realidade, que o privaria de uma enorme parcela de poder, já que caberia à Assembleia Nacional fazer as leis. O rei imediatamente ordenou que tudo voltasse a ser como antes e ameaçou a Assembleia Nacional trazendo tropas de outras cidades da França para Paris — isso porque o monarca não tinha como confiar nas guarnições de uma cidade que estava em estado de rebelião permanente. O povo reagiu e o tiro saiu pela culatra: em vez de se sentirem ameaçados, os parisienses se aliaram aos revolucionários. Os deputados agora tinham a seu lado tropa e povo, já que a maior parte da cidade, cansada de passar fome, viu naquela rebeldia um jeito de mudar as coisas. Depois de várias lutas, com destaque para a tomada da Bastilha — uma prisão que era o símbolo do Antigo Regime —, o rei recuou e aceitou o poder da Assembleia. O dia da Queda da Bastilha, 14 de julho de 1789, tornou-se a data oficial da revolução e a festa nacional da França.

Em meio a esse turbilhão, as ideias centrais do liberalismo, que já vinham de antes, ganharam outra dimensão. A Assembleia passou a fazer uma série de leis para limitar os poderes régios. Em 1791, foi aprovada uma constituição, talvez a mais importante da história. Com ela, o governo constitucional, que ganhara seu primeiro esboço na Inglaterra, assumiu outro patamar. Além disso, esse documento restringia, de modo inédito em uma monarquia, os poderes do rei, e fortalecia um outro pilar do liberalismo: o governo representativo, para o qual só eram legítimas as decisões tomadas por representantes do povo escolhidos por eleição. Lembra do debate sobre o poder de veto do rei que dividiu a Assembleia em dois lados? Pois bem. De acordo com a Constituição, o rei não poderia vetar a lei, apenas suspender sua execução. Se duas legislaturas apresentassem novamente os projetos, a sanção do rei ficava dispensada e o projeto entraria em vigor, mesmo à revelia do monarca.*

Outro elemento fundamental era a responsabilidade dos ministros. O rei, como pessoa inviolável, não poderia ser responsabilizado por nada, mas todos os decretos que emitia só eram válidos se assinados por um ministro, sobre o qual cairia a culpa caso o decreto contrariasse a Constituição. Um decreto do rei sem a assinatura de um ministro que por ele pudesse ser responsabilizado era inválido e não precisava ser cumprido. Cabia apenas ao Parlamento fixar impostos, conceder títulos de honraria aos cidadãos e honrarias públicas à "memória dos grandes homens", estabelecer o número de tropas que deveriam se mobili-

---

* Constituição de 1791, cap. III, seção III, art. 1 e 2.

zar, declarar guerra a outras nações.* Isso já havia aparecido de alguma forma nos Estados Unidos, mas na França os representantes do povo — na forma do Parlamento — passaram a ser vistos também como os portadores da vontade de toda a nação. Os juízes, eleitos pelo povo, teriam independência, e só poderiam ser afastados em caso de provada prevaricação, quando então o acusador, ou seja, o promotor do processo, deveria ser indicado pelo povo — ou seja, não seria alguém que ocupasse uma função designada pelo rei. Enquanto nos Estados Unidos o Parlamento era visto com desconfiança, no ambiente francês os deputados eleitos pelo povo eram considerados os verdadeiros depositários da liberdade dos franceses.**

Uma outra dimensão importante do processo revolucionário foi a destruição dos privilégios formais, ou seja, aqueles garantidos pelas leis e pelos velhos costumes do Antigo Regime. Na prática, isso significava que qualquer cidadão poderia ocupar qualquer posto tendo como único critério seus méritos. Em pouco tempo, os limites da meritocracia seriam denunciados de forma aberta. No entanto, naquele momento, em uma sociedade na qual os postos mais importantes costumavam ser ocupados em função de privilégios de nascimento, ela cumpriu um papel central.***

Vale observar um trecho da constituição que nos ajuda a en-

* Constituição de 1791, cap. III, seção I, art. 1 a 11.
** Giovanni Tarello, *Storia della cultura giuridica moderna: Assolutismo e codificazione del diritto*. Bolonha: Il Mulino, 1998, pp. 559-660.
*** Conforme as sociedades foram se organizando, passou-se a questionar a legitimidade da meritocracia, dadas as diferenças quanto ao acesso a recursos. Como temos visto, o mundo muda e surgem problemas que pedem novas reflexões e soluções. Para saber mais, ver Michael J. Sandel, *A tirania do mérito: O que aconteceu com o bem comum?* (Trad. de Bhuvi Libanio. Rio de Janeiro: Civilização Brasileira, 2020); Daniel Markovits, *A cilada da meritocracia: Como um mito fundamental da sociedade alimenta a desigualdade, destrói a classe média e consome a elite* (Trad. de Renata Guerra. São Paulo: Intrínseca, 2019).

tender como a dinâmica de poder mudou: "Não existe na França autoridade superior à da lei. O rei reina por ela e não pode exigir a obediência senão em nome da lei".* Ou seja, o rei só poderia exigir das pessoas e determinar ao país aquilo que a lei estabelecia — e nada mais. A lei, por sua vez, era feita por representantes da vontade do povo, de modo que era o povo que impunha a si limites e obrigações, não mais o rei. A partir desse momento, ninguém está acima da lei, nem o rei.

Seguindo essa lógica, há pelo menos dois aspectos fundamentais do liberalismo para os quais os franceses dão outra dimensão. O primeiro é o governo representativo. Se quem faz a lei são os representantes do povo e a lei está acima de tudo, então o núcleo do poder está nas mãos da população. Quem detém a soberania da nação é o povo, não o soberano. O texto constitucional diz que o rei também é um representante, mas nesse caso essa característica não é uma força do soberano, está mais para uma fraqueza, porque significa que ele também deve obedecer aos interesses do povo. Não age por si, age em nome de terceiros. (Veja até onde chegou a Revolução Francesa: a nossa Constituição de 1988 ecoa uma ideia semelhante à frase "Todo o poder emana do povo"...)**

A outra questão é o que eu chamo de liberdade como autonomia, que será examinada mais adiante. Mas, grosso modo, posso adiantar que ela é a ideia de que aos indivíduos deve ser garantida a maior liberdade possível, com a menor intervenção possível do Estado. Dito de outra maneira, o Estado só deve proibir ou mandar os indivíduos fazerem o estritamente necessário. E vale lembrar que essa liberdade que põe o indivíduo no centro já havia surgido e sido desenvolvida na Independência dos Esta-

---

* Constituição de 1791, cap. II, art. 3.
** Constituição de 1988, art. 1, parágrafo único.

dos Unidos e nos primeiros movimentos de constituição daquele país e de seus estados, carregando sempre a imensa contradição de toda essa discussão ter sido feita desconsiderando que o país mantinha centenas de milhares de pessoas escravizadas.

A ideia de fraternidade, um dos slogans da revolução, ganhou menos desenvolvimento. Ela dizia respeito tanto à defesa de uma relação de proximidade de toda a humanidade quanto à necessidade de construir laços de identidade entre os franceses. De certa maneira, tratava-se de uma ideia perigosa, na medida em que a fraternidade chamava a atenção para desigualdades que estavam na vida material da população, incentivando o surgimento de uma noção de igualdade mais radical: a igualdade material. A igualdade que a Revolução Francesa buscava alcançar era a igualdade formal, ou seja, a igualdade de todos diante da lei.*

Outro ponto a ser considerado na Revolução Francesa é a grande confiança que seus protagonistas depositaram na humanidade. O 14 de Julho é visto como um momento decisivo na história, um ponto de virada a assinalar o começo de um novo caminho, pautado pela liberdade e a prosperidade. O liberalismo que surgiria logo depois também é assim: considera a história uma trajetória ascendente que, partindo das cavernas, chega a hoje, depois de inumeráveis conquistas. Qual é o motor dessa história de sucesso? Para alguns liberais, a vontade de cada indivíduo de viver cada vez melhor.

---

* François Furet e Mona Ozouf, *Dicionário crítico da Revolução Francesa*, op. cit.

# Seis tipos de liberdade

Como o liberalismo é um movimento construído a partir de um princípio fundamental — a liberdade individual —, vale a pena explorar esse conceito. Para facilitar sua compreensão, proponho seis categorias que mostram como os diferentes liberalismos são formas distintas de combinar essas liberdades, cada um enfatizando determinado aspecto. É como se cada autor liberal fosse uma pessoa num daqueles restaurantes self-service: um pega um tanto de determinada liberdade e só um pouquinho de outra, outro faz o inverso, e no fim cada um tem o prato que deseja.

## 1. LIBERDADE COMO AUTONOMIA

Chamo de *liberdade como autonomia* a liberdade que cada indivíduo tem de não ser constrangido a fazer o que não deseja. Nós temos uma série de obrigações sociais, algumas impostas pela lei: não podemos dirigir na contramão, por exemplo, ainda que isso pareça evitar o trânsito lento. Tampouco podemos pisar nos jardins dos parques públicos, ainda que para isso tenhamos que abrir mão de pegar um atalho. Não temos a liberdade de realizar vontades que atentam contra as pessoas, como sair por aí dando paulada para dar vazão à raiva. Todas essas regras representam restrições da liberdade como autonomia, na medida em que funcionam como constrangimentos à nossa liberdade de agir e fazer coisas que nosso corpo consegue fazer.

São apenas as leis que restringem a liberdade como autonomia? Claro que não. Os costumes, as tradições, as restrições sociais também fazem isso. Existem diversas regras que não estão escritas, não foram aprovadas por nenhum legislador, mas que funcionam e têm grande força. Não há lei que diga que devemos ser educados à mesa, mas existe um constrangimento social que nos leva a agir dessa forma. Nenhuma lei hoje diz que duas pessoas do mesmo sexo não podem se beijar em público, mas um constrangimento social, ainda que imposto por apenas um grupo preconceituoso, faz com que muitas pessoas abdiquem de sua liberdade de fazer isso.

Misturei de propósito restrições positivas — a educação à mesa, não pisar no jardim — com outras horríveis, como a homofobia. Isso mostra que estamos sendo meramente teóricos, pouco importa se a restrição é boa ou ruim, justa ou injusta, desejável ou não. O fundamental é saber que, do ponto de vista político-filosófico, são restrições da liberdade. Mesmo o mais libertário dos liberais, aquele que está quase encostando em posições anarquistas, reconhecerá que é preciso haver restrições legais e sociais à vontade dos indivíduos. Pelo menos desde Thomas Hobbes (1588-1679), cujos escritos datam de antes da Revolução Gloriosa, está claro que a civilização só é possível graças a certa coerção do Estado e da sociedade sobre as paixões individuais. O cerne da questão é definir quais e quantas são as restrições, quem pode determiná-las etc.

Aliás, para o liberalismo, só se for estritamente necessário o poder tem legitimidade de impedir um indivíduo de fazer o que quer ou obrigá-lo a fazer o que não quer. Um exemplo: em muitas constituições, desde o século XVIII, há um artigo que determina que só serão criadas leis que forem necessárias. O que está por trás disso é a noção de que toda interferência estatal na vida dos indivíduos deve ser evitada, a menos que seja capaz de produzir um bem demonstrável, claro, racional. Mas, a partir daí, já surge uma questão que dá pano para discussões: o que é estritamente necessário?

Seguindo essa lógica, toda lei coíbe a liberdade, certo? Não, nem sempre, porque algumas leis são feitas justamente para garantir que o Estado assegure liberdades — e trato disso ao discorrer sobre a liberdade numa perspectiva material. Mas, na visão liberal, a maioria das leis restringe alguma liberdade, mesmo essas leis que asseguram o exercício de uma liberdade podem limitar outras. Dito isso, é obrigação do Estado, do legislador, do presidente da república ou do rei fazer com que a regulação da vida dos indivíduos seja mínima. Mas *mínima* quanto? Aí está a polêmica.

A liberdade como autonomia nos convida a pensar a relação dos liberais com a tradição. Isso será discutido na seção sobre o conservadorismo, mas vale ter em mente que os conservadores têm uma relação muito positiva com a tradição, que ordenaria uma boa parte da vida em sociedade. Para esse grupo, não é boa ideia tentar desorganizar modos de vida produzidos lentamente, camada após camada de sabedoria e experiência. O caminho seria se adaptar e aproveitar essa experiência, mesmo se ela parecer inadequada, opressora e restrinja minha vontade — aliás, quais experiências devemos aproveitar também será objeto de divergência.

O liberalismo, por sua vez, tende a discordar dessa ideia. A liberdade como autonomia também significa se livrar de restrições que vêm do passado. O que meus antepassados fizeram não deveria me obrigar a nada. Afinal, o que tenho a ver com isso? Uma decisão de um tataravô também pode representar uma coação externa a mim tão ruim quanto uma que venha do presidente da república ou do prefeito. Já ouviram esse argumento quando debatemos reparação histórica, não ouviram?

"Mas eu achava que os liberais e os conservadores estivessem coladinhos. Que história é essa?" Tudo vai ficar mais claro ao longo dos capítulos, então aproveito para fazer uma ressalva: sugiro que você leia esse livro sem tentar julgar de imediato se cada postura é boa ou ruim. É a partir da compreensão, de reflexões que podem tomar tempo, que você será capaz de ponderar valores e avaliar aquilo que melhor representa o que você acredita. De todo modo, hoje em dia esses conceitos andam bem mais misturados. Embora conservadorismo e liberalismo sejam visões de mundo diferentes e, em alguns pontos, antagônicas, as fronteiras são porosas, então é possível encontrar liberais que incorporam posições conservadoras, ou o contrário. Até porque essas conexões podem ser incentivadas por motivos pragmáticos, como por exemplo a aproximação de alguns liberais e conservadores em torno de um adversário comum: o socialismo.

Isso posto, voltemos à defesa da liberdade como autonomia contra as restrições que vêm do passado. Esse posicionamento contra a tradição pode ser percebido melhor quando aparece de forma, digamos, mais radical. Vou dar um exemplo. Thomas Jefferson — responsável por redigir a Declaração da Independência dos Estados Unidos — defendeu que as leis de um país só poderiam ter validade para a geração que a havia feito. Não faria sentido que as decisões dos cidadãos de hoje coagissem os cidadãos do futuro.* Afinal, meu neto que ainda nem nasceu não votou nas

---

* Joyce Appleby e Arthur Meier Schlesinger, *Thomas Jefferson*. Nova York: Times Books, 2003.

pessoas que redigiram a Constituição de 1988, por exemplo. Essa ideia de Jefferson obviamente não prosperou, já que a Constituição em vigor nos Estados Unidos é a mesma desde 1787. Mas ela nos ajuda a perceber que a relação dos liberais com a tradição é, em linha geral, refratária.

Vamos partir disso para raciocinar sobre nosso tempo? Como já adiantei, essa visão que rechaça obrigações herdadas do passado pode ser contraposta à ideia de ações afirmativas como a política de cotas para reparação da dívida da escravidão, uma posição mais associada à esquerda ou aos liberais progressistas. O argumento favorável às políticas de cotas — que pode ser contraposto àqueles que rejeitam obrigações decorrentes do passado porque limitadoras da liberdade — é que essas ações afirmativas, embora sejam uma interferência do Estado — e portanto restrinjam a liberdade de determinados cidadãos —, na verdade ampliarão o espaço total de liberdade na sociedade ao garantir autonomia àqueles que, em consequência de decisões do passado, tiveram restrita a sua liberdade. Em resumo: a liberdade como autonomia é estar livre de coerção externa, seja para fazer aquilo que eu não quero, seja para não fazer aquilo que eu quero fazer. E a sua ponderação é matéria longe de pacificação mesmo entre os liberais.

## 2. LIBERDADE COMO INTITULAMENTO

Um segundo tipo de liberdade, relacionada à primeira, é o que podemos chamar, segundo José Guilherme Merquior, de *liberdade como intitulamento*.* Na prática, pode ser exercer uma liberdade que é reconhecida pelos outros. Imaginemos que uma

---

* José Guilherme Merquior, *O liberalismo: antigo e moderno*, op. cit., posição 441.

tradição ou costume diz que os camponeses de determinado lugar podem descansar nos dias santos. A sociedade, o mundo e as outras pessoas consideram que eles têm essa liberdade. Eles querem descansar, essa é vontade deles e ainda existe uma espécie de consenso social de que essa liberdade existe. Simplificando, nós podemos pensar que a liberdade como intitulamento é uma liberdade que a vida em sociedade me assegura. Outro tipo de liberdade por intitulamento é o exercício de uma liberdade garantida pela lei formal. No Brasil, por exemplo, a lei diz que temos liberdade de expressão, ressalvado o anonimato. Então, se qualquer pessoa estiver com vontade de escrever um artigo falando mal do governo, a lei garante que não haja punição, desde que o texto seja assinado. A diferença entre essa liberdade e a liberdade como autonomia é que nessa última a lei tira a liberdade do indivíduo, porque vai determinar que ele faça algo — ou vai proibi-lo de fazer algo. Já na liberdade como intitulamento, a lei, escrita ou não, garante o exercício de uma liberdade.

José Guilherme Merquior, porém, considera que a liberdade como intitulamento diz respeito apenas a liberdades que não atingem toda a humanidade, ou seja, não são liberdades concernentes a todo o gênero humano. Seriam liberdades que diferenciariam grupos dentro de uma sociedade. Em suas palavras:

> É precisamente desse tipo de liberdade que qualquer indivíduo moderno espera fruir quando exerce papéis sociais protegidos pela lei e pelo costume. Vamos chamá-la de *liberdade como intitulamento*. Mas embora a fruição da liberdade como intitulamento implique uma apreensão de direitos e dê origem a um sentimento de dignidade, tem pouco a ver com o princípio muito mais recente de direitos humanos *universais*. O sujeito desses últimos é o homem como tal, enquanto o portador do intitulamento era e é sempre in-

dividualmente situado, entranhado em posições sociais específicas (e historicamente variáveis).

Nesse sentido, o primeiro exemplo que dei, do camponês de determinado reino que descansa em um dia santo, se encaixaria perfeitamente no conceito de Merquior; o segundo já ocuparia uma posição fronteiriça à nossa próxima liberdade.*

A partir de Merquior, é também possível refletir sobre a relação do pensamento liberal com a tradição e a existência de divergência, haja vista que se trata da "liberdade que qualquer indivíduo moderno espera fruir quando exerce papéis sociais protegidos pela lei e pelo costume". Aqui, o costume sendo visto como um garantidor de liberdade.

### 3. LIBERDADE POLÍTICA

Um terceiro tipo de liberdade é a *liberdade política*. É o que poderíamos chamar de liberdade de participar da vida em comunidade, decidindo os negócios da coletividade.

A imensa maioria da humanidade vive em uma comunidade que costumamos chamar de cidade, certo? Quando opinamos sobre seus negócios e seu funcionamento, estamos exercendo uma liberdade política. E não custa lembrar que a palavra política está relacionada a *polis*, cidade. Essa mesma lógica se aplica ao país onde vivemos, ao condomínio onde moramos, ao clube, ao sindicato ou associação da qual fazemos parte. Ao votar para presidente da república — ou se candidatar a um cargo —, você está exercendo seus direitos políticos.

Quando falei do mundo protoliberal, disse que, em certo

---

* Ibid., posição 441.

sentido, nem havia o conceito de indivíduos, porque o que importava era a ordem — a comunidade — que aquela pessoa integrava. Na visão liberal, isso muda. Agora a comunidade é determinada pela *vontade* dos indivíduos, que optam por criar, mudar e escolher os rumos de determinada comunidade, inclusive extingui-la. E pode acontecer com um clube, que pode ser extinto por seus membros; com uma cidade, que após um plebiscito se funde a outra; até mesmo com um país. No nosso mundo, cuja força dominante é o liberalismo, são os indivíduos que formam e zelam pela comunidade. Ao fazer isso, estão exercendo a liberdade política de intervir nos assuntos de interesse comum.

Mas e quando existe um choque entre a liberdade como autonomia e a liberdade política? Pois é, pode ocorrer — na verdade, ocorre o tempo todo. As maiorias, que são fruto do exercício da liberdade política, não raro oprimem as minorias, retirando delas sua liberdade como autonomia. Por exemplo, podem aprovar uma lei que restrinja o espaço dos outros na sociedade.

Em 2021, a Suíça fez um plebiscito sobre o casamento entre pessoas do mesmo sexo e esse direito foi aprovado com 64% dos votos. E se o resultado tivesse sido outro? E se a maioria tivesse decidido que pessoas do mesmo sexo não devem se casar e que suas uniões não são legítimas? Um plebiscito é um instrumento democrático, uma das possibilidades de exercer a liberdade política. Mas até que ponto é razoável que a democracia e suas maiorias invadam a esfera privada da vida das pessoas e que a liberdade política das maiorias restrinja a liberdade como autonomia de uma minoria?

Só com esses exemplos deu pra perceber como é complexa a relação entre liberalismo e democracia. O liberalismo apoia a existência de leis que protejam a liberdade contra a democracia, que defendam os indivíduos ou os grupos minoritários contra as maiorias, mesmo quando essas maiorias se pronunciem de forma bastante democrática, como num plebiscito. Vale aqui refletir um pouco sobre a função contramajoritária do Supremo Tribunal Federal na salvaguarda do texto constitucional.

A função contramajoritária exercida pela Suprema Corte é a forma de subordinar as decisões da maioria a um limite mínimo intransponível de direitos e garantias individuais. Na prática, deputados e senadores legitimamente eleitos pelo sistema democrático podem aprovar uma lei que exija o cumprimento de pena em regime integralmente fechado para condenados por crimes hediondos, mas a Suprema Corte considerará a decisão inconstitucional porque viola o direito à individualização da pena (ou seja, cada réu tem uma pena de acordo com as particularidades de seu crime; não é possível haver uma sentença padronizada).* No exercício da função contramajoritária, o STF invalida atos de outros poderes em nome da Constituição. E é justamente para o bom exercício da função contramajoritária, inclusive, que se deve garantir que os juízes não sofram pressões, visto que muitas vezes essas decisões desagradam às pessoas, são impopulares porque operam contra a vontade da maioria. Esse é o equilíbrio entre democracia e liberalismo que caracteriza o modelo de democracia liberal.**

Esse argumento, no entanto, pode ser empregado como arma para sustentar os privilégios de uma minoria. Durante boa parte do século XIX, por exemplo, a maior parte dos liberais defendeu que somente os proprietários tivessem direito ao voto (o tal voto

---

* Sobre o assunto, ver Brasil e STF, súmula vinculante n. 26 (disponível em: <https://portal.stf.jus.br/jurisprudencia/sumariosumulas.asp?base=26&sumula =1271>, acesso em: 4 out. 2022); habeas corpus n. 82959, de 23 fev. 2006, relator ministro Marco Aurélio (disponível em: <https://redir.stf.jus.br/paginadorpub/ paginador.jsp?docTP=AC&docID=79206>, acesso em: 4 out. 2022).

** Sobre o equilíbrio entre democracia e liberalismo, ver Yascha Mounk, *O povo contra a democracia: Por que nossa liberdade corre perigo e como salvá-la* (São Paulo: Companhia das Letras, 2019).

censitário). Era preciso, segundo essa visão, evitar a ditadura das maiorias, impedindo que a igualdade avançasse a ponto de permitir um governo dos piores, de gente despreparada e ressentida por sua posição inferior do ponto de vista material. A igualdade desejável já estaria garantida com a igualdade formal — prevista em lei —, sem a necessidade de pensar em liberdade material — as condições para o exercício dessa liberdade. Pelo princípio da meritocracia, os melhores, naturalmente, alcançariam a condição de proprietários e poderiam votar. Os piores teriam que esperar uma época de maior prosperidade, quando o crescimento econômico puxasse todos, ou quase todos.

Viu só? Talvez você concorde com um dos argumentos contramajoritários e discorde do outro, achando um óbvio e o outro, absurdo. Mesmo assim, ambos se desenvolvem segundo a mesma lógica. Em resumo, para o liberalismo, em especial em suas vertentes que surgem a partir das experiências da Revolução Francesa, em alguns assuntos a posição da maioria não deve prevalecer, sobretudo quando implica retirar direitos e liberdade dos indivíduos. E vai haver muita polêmica para decidir em que casos isso é possível...

## 4. LIBERDADE DE CONSCIÊNCIA

A *liberdade de consciência* é a liberdade do indivíduo de acreditar naquilo que ele quiser e de guiar a vida segundo suas crenças. Todos devem ser livres para pensar o mundo da maneira que preferirem e ninguém deve ser perseguido por isso.

A primeira versão dessa liberdade surgiu com a liberdade de crença religiosa, arrancada a duras penas durante os séculos XVII e XVIII. No caso da Revolução Gloriosa, essa liberdade foi fundamental para todas as outras. Uma espécie de liberdade pioneira, que abriu passagem para outras liberdades de pensamento.

No mundo anterior ao século XVII, não havia a noção de que cada indivíduo podia entender o mundo do seu jeito, a partir de uma visão própria e única. Tampouco que cada um podia ter uma opinião diferente e tudo bem. Havia as ideias corretas e as erradas, a verdade e o engano. (Eu sei, tem gente nas redes sociais que ainda está presa a esse tipo antigo de raciocínio...)

Nesse momento em que reinava a intolerância, as guerras religiosas deixaram a Europa banhada em sangue, e a solução para acabar com aquilo foi a tolerância religiosa. Isso favoreceu a criação de um ambiente em que as pessoas reconheceram o direito de cada indivíduo fazer uma opção de cunho pessoal, a partir de suas percepções e crenças. Pouco a pouco essa lógica migrou dos temas religiosos para outros, sobretudo no campo da política.

O liberalismo nasceu defendendo a liberdade de cada indivíduo ter sua opinião livremente, sem precisar de alguma autorização ou validação. É a sua escolha e pronto.

Luigi Einaudi (1874-1961), um liberal que se tornou presidente da Itália em 1948, depois da derrota do fascismo, dizia que a sociedade liberal era aquela em que conviviam "o governo da lei e a anarquia dos espíritos.* O primeiro era importante para combater o despotismo, limitar os poderes e garantir a ordem. Já o segundo garantia às pessoas a máxima liberdade de pensamento, de modo que a sociedade pudesse aproveitar a riqueza resultante da diversidade de crenças, projetos, programas, gostos e criação artística.

Na visão de John Stuart Mill (1806-73), a divergência é tão fundamental que é o colorido das posições diferentes que faz a humanidade avançar, porque a verdade surge da luz que nasce do enfrentamento de posições distintas. Ele não diz que o debate dá uma contribuição, é mais do que isso: é ele quem produz os

---

* José Guilherme Merquior, *O liberalismo: antigo e moderno*, op. cit., posição 401.

avanços. Haver muitos pensamentos diferentes não é só uma garantia que você cede às pessoas, é algo que deve ser incentivado de maneira ativa.* O que move a história é a fricção entre ideias distintas. E eu, particularmente, concordo com ele nesse ponto.

## 5. A LIBERDADE ECONÔMICA

A *liberdade econômica* surge com força na obra do filósofo e economista Adam Smith e parte da noção de que os homens e mulheres são movidos por um desejo de viver cada vez melhor. Uma vontade que é egoísta em sua essência, mas incentiva a humanidade a adotar uma atitude que combina competição, ímpeto criativo e disposição para o trabalho. Um egoísmo que traz resultados positivos, responsável por um processo permanente de avanço e progresso.

Segundo essa visão, que ganharia força e se tornaria pedra de toque do pensamento liberal, nós deixamos as cavernas movidos por uma vontade individual de viver cada vez melhor, com mais conforto e fartura. As fábricas, que nasciam na época de Smith, seriam a expressão mais impressionante desse avanço lento, mas constante, dessa busca por abundância a partir da escassez. Nesse caso, a divisão social do trabalho — ou seja, o jeito de organizar a produção — era a base da abundância. Com a fábrica, em vez de um mesmo operário fazer uma cadeira inteirinha do começo ao fim, ele faz apenas uma fração do trabalho, o que permite o aceleramento da produção e a criação de um volume inédito de riqueza — que se espalha pela sociedade toda.

A divisão do trabalho não acontece apenas no âmbito de

---

* John Stuart Mill, *Sobre a liberdade/ A sujeição das mulheres*. Trad. de Paulo Geiger. São Paulo: Penguin-Companhia das Letras, 2017.

uma fábrica. Ela é um processo que envolve o conjunto da vida social, na medida em que os indivíduos se dividem em afazeres distintos, em trabalhos próprios, e toda a sociedade acaba tendo algum acesso a um rol de bens, materiais e imateriais, produzidos socialmente.

Assim como os seres vivos, a economia também teria uma natureza, uma espécie de funcionamento natural. Uma planta passa por um ciclo: nasce, vive e morre. O mesmo valeria para a economia, que obedece a leis tão fixas e observáveis quanto as leis do mundo natural. Se bem estudadas, essas leis demonstrariam que o mercado funciona à perfeição, e os desequilíbrios se corrigem por si. Esse funcionamento natural ganhou uma metáfora: haveria uma mão invisível garantindo que o mercado se autorregule, corrigindo por conta própria a grande maioria dos eventuais desequilíbrios. As vontades egoístas que, no entrechoque, se limitam e se regulam.

Ao favorecer a especialização das atividades e a divisão social do trabalho, o livre mercado favorece um aumento da produtividade. A primeira consequência desse modelo é que, graças ao aumento geral da produtividade, todo mundo ganha e experimenta o progresso, ainda que não de forma igual. Em outras palavras, a vontade das pessoas de viver cada vez melhor gera avanços técnicos, e as leis gerais do funcionamento do mercado levam a humanidade ao progresso.

No entanto, na visão dos liberais, o Estado interfere nesse ciclo ao retirar recursos da vida econômica por meio de impostos, esterilizando riqueza. Um comerciante de café, por exemplo, compra os grãos mais barato, vende mais caro e obtém certo lucro. Se este dinheiro fica com ele, ele pode abrir outro comércio de café, comprar outra máquina ou contratar mais um empregado. Tudo funcionando a partir dos egoísmos de cada um: a autorregulação, a mão invisível. Mas, se o Estado recolher esse recurso por meio

65

de impostos, ele tenderá a não empregá-lo em nada produtivo, pois deverá pagar um funcionário público para arrecadá-lo, alugar um prédio para instalar a burocracia... Os impostos em geral esterilizariam recursos, impedindo a ampliação da riqueza. Os recursos seriam empregados de forma mais produtiva se só assistíssemos o mercado funcionar.

O Estado também atrapalharia ao intervir nas leis naturais do mercado. Nos momentos de crise, por exemplo, em vez de deixar que os preços se regulem naturalmente, ele tenta formar preços artificialmente. Isso desorganiza a produção, porque é impossível concorrer com a força estatal. Vamos supor que o preço do trigo esteja muito alto e as pessoas estejam passando fome. Para resolver o problema, o Estado libera seus estoques de trigo, vendendo as sacas a um preço mais baixo. O problema dos pobres está resolvido, mas a interferência externa vai desincentivar os comerciantes a investir, ou levá-los à falência, porque, bem na hora que eles ganhariam, o governo derrubou o preço artificialmente. E se quem planta ou vende trigo começa a achar que por isso não vale mais a pena se dedicar a essa atividade e para de plantar e comercializar, a quantidade de trigo disponível cai. Caso a demanda continue a mesma, o preço sobe mais ainda, porque o trigo escasseia. Ou seja, a solução que parecia boa no curto prazo se mostra ruim no longo prazo.

Nessa visão liberal, o Estado também atrapalha ao regular as relações entre os entes privados, sobretudo entre trabalhadores e empregados. Ou seja: em vez de permitir a livre negociação e que ambos estabeleçam livremente um contrato de trabalho, o Estado intervém de forma paternalista, assegurando a trabalhadores e trabalhadoras direitos que com frequência são irreais e impedem que os negócios progridam. Por que irreais? Porque não são fruto da prosperidade adquirida por meio da ampliação da produtividade do trabalho, mas de uma visão idealista: seria ideal que os trabalhadores tivessem direito a isso, a aquilo, a aquilo outro... Segundo essa visão, se o Estado não se metesse e os negócios dessem certo, a prosperidade seria o melhor jeito de garantir direitos, já que os trabalhadores, cada vez mais necessários numa economia em expansão, conquistariam melhores condições de forma natural e não artificial.

A interferência do Estado ainda seria maléfica ao tolher a vontade das pessoas de viver cada vez melhor — a ambição que conduz ao progresso. Numa sociedade em que a economia é toda regulada, o instinto humano e a vontade de lucrar ficariam aprisionados, porque para tudo há regulamentação, proibições, taxas, licenças. Esses obstáculos reprimiriam a livre iniciativa e prejudicariam a sociedade, que deixaria de progredir na velocidade que poderia.

Além disso, o Estado vai se mostrar um problema ao ocupar funções que seriam mais bem realizadas pelo mercado. Para os liberais mais radicais, o Estado não deve ser empresário, deve apenas garantir a ordem e o cumprimento dos contratos. Ser uma espécie de Estado guarda-noturno, que só observa o andar da carruagem, interferindo unicamente em caso de desordem ou violência.

Os liberais veem essas interferências estatais na atividade econômica — em maior ou menor medida — como atentados à liberdade econômica e à liberdade dos seres humanos de realizar de forma plena e livre essa vontade de viver cada vez melhor. Esse é um bom exemplo para perceber que há muita divergência entre os vários liberalismos.

De modo geral, existe um consenso entre os liberais de que o Estado deve ficar longe da atividade econômica, mas há diferentes visões sobre a extensão dessa distância. Para alguns, o Estado só deve corrigir distorções; outros consideram que áreas como saúde e educação demandam uma presença do Estado. Mesmo alguns dos mais radicais defendem que o Estado garanta uma renda mínima para todos. Há até quem argumente que ele deve gastar recursos desnecessários para que a renda das pessoas puxe o conjunto da atividade econômica, tendo como meta a garantia do pleno emprego.

Algumas correntes liberais se preocuparam com as condições básicas para o exercício da liberdade e notaram que é preciso assegurar a todos um mínimo de condições materiais para isso. Para esses pensadores, tais condições devem ser entendidas num sentido amplo, incluindo educação, acesso à cultura, transporte. Cada um vai montar seu "pacote" de determinado jeito, mas todos compartilham a ideia de um Estado que vai além da função de guarda-noturno. A corrente que se identifica com esses pressupostos costuma ser chamada de social-liberalismo, e logo mais você vai poder ler sobre um de seus representantes, Leonard Hobhouse (1864-1929).

Aqui, é interessante pensar nas fronteiras entre o social-liberalismo e a social-democracia. O sociólogo dinamarquês Gøsta Esping-Andersen (1947-), em sua obra sobre os três modelos de Estados de bem-estar social, propôs uma diferenciação interessante. A social-democracia administraria o Estado buscando garantir direitos mais amplos, que abrangem uma esfera mais geral da existência, enquanto os social-liberais estariam focados em proporcionar um mínimo existencial, um ponto de partida básico para todos.* Bom, não preciso repetir que devemos enxergar essas fronteiras como porosas, sobretudo na atualidade,

---

* Ver Gøsta Esping-Andersen, *The Three Worlds of Welfare Capitalism* (Cambridge: Polity Press, 1990, pp. 26-8). Para ampliação de repertório, vale consultar o liberalismo igualitário de John Rawls, em *O liberalismo político* (Trad. de Álvaro de Vita e Luís Carlos Borges. São Paulo: WMF Martins, 2011), citado por Luis Roberto Barroso, op. cit., pp. 120 ss.

quando a social-democracia se aproximou mais das posições liberais. Mais à frente vou falar bastante da social-democracia que nasce como um ramo do socialismo. Mas, para que você consiga compreender essas diferenças, sobretudo a questão dos direitos mais amplos, talvez valha citar outro livro, dessa vez do britânico Andrew Heywood (1952-), que apresenta o programa político da social-democracia nas décadas de 1950 a 1970:

> Com o abandono da planificação e da nacionalização abrangente, restaram à social-democracia três objetivos mais modestos. O primeiro deles foi a economia mista, uma combinação de propriedade pública e privada que fica entre o capitalismo de livre mercado e o coletivismo estatal. A nacionalização, quando defendida pelos sociais-democratas, é invariavelmente seletiva e reservada para os setores estratégicos da economia, ou indústrias consideradas "monopólios naturais". [...] O segundo objetivo dos sociais-democratas era regular ou controlar as economias capitalistas a fim de sustentar o crescimento econômico e manter baixo o índice de desemprego. Depois de 1945, a maioria dos partidos social-democratas se converteu ao keynesianismo como uma forma de controlar e economia e garantir o pleno emprego. Em terceiro lugar, os socialistas foram atraídos para o Estado de bem-estar social como o principal meio de reformar ou humanizar o capitalismo. O Estado de bem-estar social era visto como um mecanismo de redistribuição que ajudaria a promover a igualdade social e erradicar a pobreza. O capitalismo já não precisa ser abolido, apenas modificado.*

---

* Andrew Heywood, *Ideologias políticas: Do liberalismo ao fascismo*. Trad. de Janaína Marcoantonio e Mariane Janikian. São Paulo: Ática, 2010, p. 139.

## 6. LIBERDADE COMO AUTOTELIA

*Autotelia*? Socorro! Calma, a palavra assusta, mas tudo vai ficar claro.

Comecemos com a ideia de que algumas visões de mundo consideram que existe um único tipo de vida a ser vivida. A adesão a certas crenças religiosas, por exemplo, pode determinar um jeito de viver, de modo que estaria errado qualquer outro tipo de vida. Somente um caminho seria moralmente justo e correto.

Essa postura também pode ser vista em algumas filosofias políticas. Alguns liberais julgam que, entre os socialistas, existe uma visão moralista sobre como viver: eles, esses socialistas, acreditariam que ser socialista não é uma opção entre muitas, mas uma decisão de cunho moral, que demonstra retidão de caráter. Ser socialista seria ser solidário, correto, abdicar de privilégios (se a pessoa os tiver), ter consciência de classe. Não ser socialista seria não ser solidário, não abdicar de privilégios (se a pessoa os tiver) ou não ter consciência de classe se a pessoa for uma trabalhadora. Seguindo esse raciocínio, só haveria uma forma correta e moral de viver.

Muitos liberais estendem esse julgamento aos conservadores: para os liberais, esses conservadores acreditariam que a vida de quem não vive como eles está errada. Se você decidir não trabalhar, por exemplo, será visto com maus olhos, bem como se decidir romper com as tradições e se relacionar amorosamente com duas pessoas de uma vez. Ou se resolver exercer a parentalidade de modo diferente das expectativas sociais, sem cumprir um roteiro que está cravado em nossa cabeça por anos e anos de tradição.

Então, para o liberalismo — ou melhor, para certo liberalismo —, as religiões e boa parte dos socialistas e conservadores consideram moralmente correto um só tipo de vida. É evidente que haverá discordâncias sobre qual vida é essa, mas a questão é que há apenas um caminho. Ao indivíduo cabe pôr em prática uma biografia que já foi escrita para ele. E se essa narrativa que a pessoa não escolheu não for do agrado dela? Maria, por exemplo, usando sua liberdade de consciência, é socialista e acha que a vida proposta pela moral socialista é a melhor. Não há problema algum, porque foi uma opção livre dela. Porém, se a decisão dela não fosse essa, Maria deveria ter a liberdade de defender outro ponto de vista e viver segundo ele. (Usei o socialismo como exemplo, mas esse raciocínio vale para qualquer visão de mundo.)

Essas correntes políticas e religiosas podem criar uma pressão social forte. Quem não está disposto a sacrificar sua vontade, sua vocação e seu prazer experimenta uma dolorosa reprovação social. No caso religioso isso pode ser especialmente grave, porque as instituições religiosas exercem grande poder. Pense em uma pessoa da comunidade LGBTQIAP+ que nasceu numa família religiosa que não admite uma existência fora dos padrões mais estritos da religião: ela sofrerá com a crença de seus pais, enquanto os pais, por sua vez, também experimentarão boa dose de dor. O problema não é viver de uma forma ou de outra — essa, na verdade, seria a solução liberal —, mas impor aos outros o juízo próprio sobre a vida correta a ser vivida.

Para os liberais, esse senso de superioridade moral não fica restrito a grupos ou ideologias específicas, mas provoca uma pressão que se espalha por toda a sociedade, com consequências para todos. É como se houvesse um senso comum que impele as pessoas a ter o mesmo tipo de vida. Mesmo fora do ambiente religioso, há uma reprovação social muito difundida contra quem decide ter uma vida sexual fora de certos parâmetros preestabelecidos, ainda que a pessoa não machuque ninguém — pense em uma dessas formas de casamento não monogâmicas. Aqui, a reprovação não é do pai, da mãe, do vizinho ou do patrão, mas do conjunto da sociedade: é uma opressão difusa, exercida socialmente. Quer mais um exemplo? As mulheres que decidem não ter filhos costumam relatar que se sentem pressionadas, como se a maternidade fizesse parte da biografia necessária de toda mulher.

O liberalismo — ou ao menos parte dele, já que todo mundo já ouviu falar dos liberais na economia e conservadores nos costumes — rejeita tudo isso. Os liberais conservadores formariam a turma que no self-service encheu o prato de liberdade na economia e passou reto pela bancada da autotelia.

Em suma, para grande parte dos liberais, uma das liberdades mais importantes é aquela que permite à pessoa construir sua vida da maneira que preferir, sem sofrer qualquer tipo de constrangimento. A mesma liberdade que as pessoas têm de pensar o mundo como desejam deve ser dada para que elas construam sua biografia da forma que acharem melhor, sem regras prévias. Sem aceitar a imposição de certa superioridade moral externa postulando como exemplar determinada forma de viver, independentemente de essa imposição vir da política, da religião, da família ou do meio. E, para esses liberais, o conservadorismo nos costumes se mostra incompatível.

A "anarquia dos espíritos" de que fala Luigi Einaudi também pode ser considerada uma espécie de anarquia biográfica. Se ideias diferentes enriquecem o debate, então o mesmo ocorre com os modos plurais de viver. John Stuart Mill pensava nisso como um direito à "excentricidade", viver uma vida diferente das demais.*

---

\* "Não há motivo para que toda a existência humana deva ser construída sobre algum padrão único ou um pequeno número de padrões. Se uma pessoa tem uma razoável medida de senso comum e de experiência, seu próprio modo de levar sua existência é o melhor, não porque seja o melhor por si mesmo, mas porque é seu próprio modo. Seres humanos não são como carneiros; e mesmo carneiros não são todos indistintamente iguais. [...] Mas o homem, e mais

Viu como não havia motivo para se assustar com o termo autotelia? Ele tem tudo a ver com isso. *Auto* representa a independência, no mesmo sentido da palavra autonomia, e *telos* quer dizer fim, ponto de chegada. Assim, a autotelia é uma espécie de liberdade de tocar a vida construindo a própria biografia, do jeito que a pessoa quiser, sem qualquer tipo de coação.

---

ainda a mulher, que pode ser acusado de estar fazendo 'o que ninguém faz', ou, por não estar fazendo 'o que todo mundo faz', é objeto de observações tão depreciativas quanto seria se ele ou ela tivessem cometido um ato grave de delinquência moral". John Stuart Mill, *Sobre a liberdade*, op. cit., pp. 157-8.

# Autores

No último capítulo de cada parte, vamos visitar alguns teóricos que escreveram sobre suas ideologias, e falar de algumas divergências entre eles. No caso do liberalismo, muitas vezes uma liberdade entra em contradição com a outra, especialmente quando se pesa a mão em uma delas. Lembra da metáfora do self-service? Você verá que cada autor combina as liberdades distintas de uma maneira e isso resulta em liberalismos bastante diferentes. Lembre que aqui falo dos autores bem rápido, só para você ter uma breve referência... Quem sabe você não se anima a se aprofundar em algum desses autores?

## MONTESQUIEU

Já vimos as ideias de Adam Smith, sobretudo quando discorri sobre a liberdade econômica. Ainda no século XVIII, quando muitos acham impossível falar em liberalismo, há outra figura central: Montesquieu, pensador-chave do Iluminismo francês.

Qual sua importância para o liberalismo? Montesquieu sistematiza uma ideia antiga de uma forma nova: dividir o poder para limitá-lo. Só para nos localizarmos na linha do tempo: ele escreve depois da Revolução Gloriosa e antes da Independência dos Estados Unidos e da Revolução Francesa.

Essa ideia de que é preciso dividir o poder é antiga, os romanos, por exemplo, já haviam posto em prática uma tentativa de fazer isso. Quando a monarquia foi derrubada e nasceu a longeva República Romana, no ano 509 a.C., foi criado um modelo político que procurou não concentrar o poder em uma pessoa só, por precaução contra o despotismo. Os romanos instituíram o cargo de cônsul, muito poderoso, com mandato de apenas um ano e dividido entre duas pessoas — dois cônsules.

Em seu livro principal, *O espírito das leis*, Montesquieu faz inúmeras referências à Antiguidade ao elaborar um modelo para impedir que o exercício do poder se transforme em tirania. Como a humanidade já havia testado várias formas de governo, ele tentou extrair da história o que havia dado certo e o que havia dado errado e chegou à conclusão de que a melhor maneira de driblar a tirania seria estabelecer o "governo moderado", com um poder controlando o outro. Montesquieu é dos que sublinhavam a importância do modelo inglês, o mais próximo de um modelo ideal para coibir a tirania.

Sua obra traz uma das ideias fundamentais para o liberalismo: a visão extremamente pessimista acerca do exercício do poder. Para ele e para muitos outros que o sucederam, o poder tende a se concentrar. Como resolver isso? Criar uma contratendência, um mecanismo para impedir que a tirania se torne realidade.

Todos devem obedecer às leis, que, por sua vez, devem restringir o que cada um — inclusive o rei — pode fazer. Mas Montesquieu vai além: na verdade, *todo* poder deve ser regrado e submetido às leis, inclusive o poder de punir aqueles que cometem crimes. Ele é um dos primeiros a perceber que o poder de matar, exilar, prender, decepar a mão de alguém — punições típicas da época — também precisava ser regulado.

As regras, portanto, deveriam impedir que os diversos poderes que existem na sociedade se tornassem únicos, se concentrassem e acabassem por tiranizar o conjunto da sociedade. Com Montesquieu, surge a ideia de que as leis estão acima de todos — *todos mesmo*, do rei ao menor funcionário —, estabelecendo as balizas do exercício do poder político contemporâneo. No pensamento desse nobre francês, estava ganhando os primeiros contornos o que mais tarde viria a ser chamado "estado de direito".*

## GERMAINE DE STAËL OU MADAME DE STAËL

Germaine de Staël (1766-1817), conhecida como Madame de Staël, nasceu na França. De família rica, ela reunia em torno de si importantes pensadores, entre eles Benjamin Constant (1767--1830), que por muito tempo foi seu companheiro intelectual, amigo e amante (não confunda com o militar e positivista brasileiro de mesmo nome!). Essa relação pessoal não é mera curiosidade biográfica, porque eles foram parceiros teóricos e elaboraram ideias em conjunto, presentes na obra dos dois. Nem preciso dizer que pouca gente lembra da influência dela nas obras dele, enquanto todo mundo ressalta o papel dele quando o que está em questão é a obra dela...

Ambos eram figuras proeminentes e haviam vivido a Revolução Francesa. O pai de Staël, o banqueiro Jacques Necker (1732--1804), era ministro das Finanças de Luís XVI quando do início da

---

* Montesquieu, *O espírito das leis*, op. cit.; Jean Starobinski, *Montesquieu*. Trad. de Tomás Rosa Bueno. São Paulo: Companhia das Letras, 1990.

Revolução, talvez o único no qual os revolucionários e as massas de Paris depositassem alguma confiança.

Mais tarde, tanto ela quanto Constant se opuseram a Napoleão (1769-1821) e terminaram exilados. A casa onde ela se instalou, na Suíça, tornou-se ponto de encontro de um grupo que se reunia e formulava ideias sobre o futuro da revolução, da França e da Europa. Por um breve período, Benjamin Constant serviu a Napoleão, mas Staël nunca deixou de ser duramente crítica ao homem que considerava um déspota.

Staël era uma entusiasta da Revolução Francesa em seus primórdios e do fim do absolutismo na França, e aprovava o estabelecimento de regimes constitucionais e de um governo representativo em que a legitimidade do poder derivasse do fato de ele ser exercido pelo consentimento. Ao instaurar a monarquia constitucional, com o poder dividido entre o Parlamento e o rei, a Revolução Francesa havia conseguido abrir caminho para a liberdade, que iluminava não só a França, mas a humanidade.

No entanto, a revolução teria perdido o rumo à medida que se radicalizava, especialmente a partir de 1792, quando a ala mais radical acabou ganhando força e assumiu as rédeas. Na visão de Staël, enfatizou-se a igualdade e não a liberdade, e é justamente nessa tensão entre os dois conceitos que está o centro de seu pensamento.

Staël tem ressalvas a dois tipos de igualdade. Em primeiro lugar, à *igualdade política*, ou seja, à ideia de todos os cidadãos terem os mesmos direitos políticos. Ela repudiava a universalidade do voto: apenas franceses com determinada renda deveriam votar. Lembra do voto censitário? Ela, como a maioria dos liberais de seu tempo, defendia que o voto era prerrogativa de quem fosse proprietário. Além disso, se a pessoa não tem condições materiais, tampouco tem independência — afinal, quem vive de salário depende do patrão. A Revolução Francesa havia demonstrado, segundo Madame de Staël, que era um erro permitir que os pobres invadissem a política.*

A igualdade política ofereceria riscos à liberdade porque levaria as maiorias — que Staël não considerava aptas a tomar decisões do tipo — a interferir nas liberdades dos indivíduos e no direito de eles viverem como quisessem. Na prática, isso significava que, além de proteger as liberdades das posições arbitrárias do rei, também era preciso defendê-las da multidão, disposta a tudo. Todos deveriam ter direitos civis, mas direitos políticos seriam reservados aos proprietários. Staël, que tinha uma posição conservadora dentro do liberalismo, também era refratária à aristocracia e a quem tinha direitos ou privilégios de nascimento. Perigosa seria também a *igualdade material*. Atraídos por medidas distributivas, os jacobinos flertaram com uma série de ataques contra o que seria um dos pilares da liberdade: a propriedade privada. A vontade de estabelecer uma sociedade igualitária do ponto de vista material atacava a liberdade de ser proprietário, o que demonstrava uma contradição entre liberdade e igualdade. O ponto crucial era a propriedade, que dava aos sujeitos independência e condição de se educar e, mais importante, liberdade de opinar sem a sombra de um líder carismático ou do medo de passar fome no fim do mês. (Aqui, um parêntese meu: como se os proprietários não fossem suscetíveis ao carisma...)

Por se posicionar contra a aristocracia e contra as massas,

---

* Vale uma observação aqui: o argumento falacioso de que algumas pessoas não sabem votar continua em uso até hoje no Brasil. Ao longo dos governos petistas, quem se opunha ao PT dizia que o Nordeste não sabia votar, uma vez que os votos no partido haviam sido numerosos naquela região. Quando Bolsonaro foi eleito, a mesma dinâmica se repetiu: o brasileiro não sabe votar. Seja por questão de renda, seja por regionalismo, há muitas formas de defender que só deveriam ter sua vontade contabilizada aqueles mais parecidos comigo, em status e em convicção.

Madame de Staël era uma legítima representante da burguesia de sua época.*

## ALEXIS DE TOCQUEVILLE

Alexis de Tocqueville (1805-59), um dos mais importantes e influentes pensadores da história, bem que poderia se alinhar aos conservadores, mas suas ideias também se acomodam desse lado da fronteira. É o que acontece com os autores brilhantes: todo mundo quer puxar a sardinha — e as teorias — para o seu lado. E, nesse caso, basta ler vinte linhas de *O Antigo Regime e a Revolução* ou de *Lembranças de 1848*** para entender o porquê...

Aristocrata como seu parente Chateaubriand (1768-1848), do qual vou falar mais adiante, Tocqueville empreendeu uma viagem aos Estados Unidos que lhe serviu de parâmetro para pensar a França. Isso foi no início da década de 1830, quando o país do Novo Mundo estava dividido em três grandes regiões: um sul escravista, um norte que se industrializava e um oeste em franco crescimento territorial (como vemos nos filmes de faroeste). Aliás, quando pensamos nos Estados Unidos, sobretudo o do século XIX, é sempre bom levar em conta essa organização.

Para Tocqueville, esse país de certo modo projetava o fu-

---

* Madame de Staël, *Diez años de destierro*. Trad. de Joan Riambau Möller. Barcelona: Penguin Clasicos, 2016; Xavier Roca-Ferrer, *Madame de Staël, la baronesa de la libertad: Un retrato apasionado de la madre espiritual de la Europa moderna*. Córdoba: Editorial Berenice, 2010. Ver sobretudo Michel Winock, *As vozes da liberdade: Os escritores engajados do século XIX*. Rio de Janeiro: Bertrand Brasil, 2006 [2001], esp. pp. 23-82.

** Alexis Tocqueville, *Lembranças de 1848: As jornadas revolucionárias de Paris*. Trad. de Modesto Florenzano. São Paulo: Penguin-Companhia das Letras, 2011; Id., *O Antigo Regime e a Revolução*. São Paulo: Martins Fontes, 2009.

turo da humanidade — um futuro ancorado necessariamente na democracia, sistema que anulava as diferenças e estabelecia a igualdade. Quem lê *A democracia na América* nota que o autor se interessa pelo que observa, mas, ao mesmo tempo, demonstra certa preocupação: a democracia tendia fortemente a impor às minorias a vontade das maiorias.

A democracia trazia a igualdade, porque todos podiam votar, mas relativizava a liberdade, já que as maiorias poderiam restringir os direitos das minorias e obrigá-las a agir de um modo com o qual não concordavam. Aqui vale um lembrete quanto a "todos podiam votar": no século XIX, as mulheres, os escravizados e as escravizadas não têm direito a voto e, na maioria dos lugares onde há eleição, o voto é censitário, ou seja, só vota quem tem propriedade, renda ou os dois. E mais: Tocqueville, quando se refere a minorias, não está pensando em pessoas negras, judeus, LGBTQIAP+ ou mulheres, mas em minorias em geral aristocráticas — minorias privilegiadas que poderiam ser encurraladas pela grande massa de votantes pobres.

A igualdade tendia a anular as personalidades especiais, os grandes talentos, os pensamentos divergentes, o que o século XIX costumava chamar de excentricidades. Era como se criasse certa massificação, transformando todo mundo em pessoas mais ou menos iguais. Assim, o Estado poderia ficar cada vez mais poderoso, e as comunidades locais, com suas especificidades, cada vez mais fracas. A massificação simplificava o mundo e dissolvia suas complexidades, inclusive o que havia de único em cada comunidade. O voto igualava a todos, mesmo quem vivia em mundos diferentes.

Essa situação era menos grave nos Estados Unidos do que na França, uma vez que lá a igualdade havia encontrado caminhos próprios, como a constituição de uma vida comunitária local, em que os cidadãos tomavam juntos as decisões que lhes diziam respeito. Já na França, onde as massas fizeram dessa centralização uma ferramenta para acabar com os privilégios de uma aristocracia que exercia seu poder nas regiões, o monstro estatal massificante era robusto.

O que fazer para impedir que a igualdade esmagasse a liberdade? Tocqueville não tinha a receita, porque acreditava que o caminho em direção à igualdade — um princípio de certo modo bom, mas também cheio de defeitos — era inevitável. Na verdade, esse processo estava em curso havia séculos e apenas se manifestava de modo mais acentuado naquele momento. Como em uma doença crônica, era possível controlar os sintomas mais nocivos: detendo exageros nos poderes dados às massas, buscando preservar alguns privilégios, garantindo que os mais capazes não terminassem esmagados pelos menos capazes, que eram a imensa maioria.

## JOHN STUART MILL

John Stuart Mill deixou uma extensa produção, e penso que deveria ser mais lido, não apenas citado de orelhada. Sua obra é complicada, não por ser difícil — Mill escreve com clareza e faz questão de ser compreendido —, mas porque ele mudou de opinião a respeito de questões essenciais. Como alguns textos se contradizem, pessoas com posições diferentes conseguem recortar trechos daqui e dali para argumentar que ele defende determinada ideia. Para mim, essa característica o torna ainda mais interessante. Mudar de ideia é uma qualidade, não um defeito.

Publicada em 1848, uma das primeiras obras de Mill, *Princípios de economia política*, faz uma sistematização do pensamento econômico de liberais como Adam Smith e David Ricardo (1772--1823). Na última parte, defende que a interferência do Estado deve ser muitíssimo pontual, posição próxima do laissez-faire, ou seja, do liberalismo econômico clássico. Não que a interferência estatal seja sempre ruim ou deva se concentrar em garantir a ordem: é preciso avaliar se ela garantirá mais ou menos liberdade aos indivíduos. Menciono esse livro porque o autor vai mudar de ideia sobre essa questão econômica.

Em 1859, mais de uma década depois, Mill publica *Sobre a liberdade*, ensaio em que estabelece uma teoria que se tornaria fundamental para o liberalismo e serviria de norte para os debates futuros sobre liberdades individuais: a teoria do dano. Ela é bastante simples: cada indivíduo deve ter a liberdade de fazer o que deseja, desde que não prejudique outras pessoas. Ainda que determinada ação faça mal ao indivíduo em si, ninguém tem o direito de impedi-lo de agir conforme sua vontade. Os seres humanos são soberanos sobre seu corpo e sobre todas as ações (e omissões) a que queiram submetê-lo, desde que o princípio do dano seja preservado.

O texto ainda apresenta outra ideia essencial: o processo de aperfeiçoamento humano resulta do debate e do enfrentamento de ideias opostas. A liberdade de pensamento e de imprensa deve existir não só porque é um direito das pessoas, mas porque a polêmica aberta, a manifestação livre de ideias na arena pública e o embate de concepções — científicas, artísticas, religiosas, políticas, econômicas — é o motor que impulsiona o processo de aperfeiçoamento humano.

Consequência fundamental desse pensamento é que a humanidade não caminha rumo a uma verdade única e ao estabelecimento de um consenso, fruto da descoberta gradual do que é o mundo. Pelo contrário, esse destino é impossível e indesejável, porque transformaria o mundo num lugar monótono e impediria avanços.

Essas polêmicas, em geral criativas e críticas, questionavam as autoridades e as ideias hegemônicas. Poderes arbitrários gostam de dizer que o livre debate é subversivo, certo? Mill não o nega, afinal a polêmica sem amarras tende mesmo a contestar as autoridades constituídas e isso é bom. Por quê? Porque para caminhar em direção ao futuro, avançar, é preciso dissolver certezas, modificar estruturas, dar lugar ao novo.

Outra marca de seu pensamento é a denúncia da opressão das mulheres. Mill, aliás, foi dos poucos autores homens do século xix a afirmar o óbvio: não há liberdade individual enquanto as mulheres forem consideradas inferiores e submissas a seus maridos, com menos direitos do que eles. Em 1869, ele publica *A sujeição das mulheres*, influenciado por sua companheira Harriet Taylor (1807-58). Quando deputado, ele batalhou para que o direito de voto fosse estendido às mulheres, ecoando no interior do tradicional e conservador Parlamento inglês a luta das sufragistas.

Com os anos, Mill passou a se interessar pelo socialismo. Haveria no espírito da época uma tendência ao questionamento da propriedade privada, e dali a algum tempo à sua supressão, ao menos parcial. A razão era simples: cada vez mais países abandonavam o voto censitário e adotavam o sufrágio universal masculino (detesto esse nome: se é só masculino, não é universal). As leis garantiam a propriedade, ele argumentava, porque quem as redigia era proprietário de terra e tinha interesse nisso. Com inúmeros trabalhadores sem propriedade — mas com poder dos votos —, era muito provável que o socialismo surgisse.

E isso não seria necessariamente ruim. Mill propunha uma discussão racional e desapaixonada sobre a questão. Menos emoção e mais razão, sabem? Vejamos um trecho sobre o socialismo que nos ajuda a entender a posição do autor:

> Agora que já não é escravizada ou considerada dependente de outrem por força da lei, a grande maioria continua acorrentada e obrigada a permanecer em determinado lugar, em determinado

trabalho e a anuir com as vontades de um empregador. Por um acidente de nascimento, é excluída tanto dos prazeres quanto das vantagens morais e mentais que outros herdaram sem qualquer esforço e independentemente de seu merecimento. Os pobres não estão errados em acreditar que este seja um mal tão ruim quanto quase todos os outros males que a humanidade enfrentou até agora. E aqueles que nunca sentiram a pobreza na pele, que gozaram das benesses oferecidas pela loteria da vida, vêm lhes dizer que este é um mal necessário?*

Fecho com um trecho da autobiografia de Mill, um texto lindíssimo em que ele fala amorosamente de sua companheira e da filha dela, apresentadas como responsáveis por várias de suas ideias mais importantes:

> As novas direções do meu pensamento tinham necessidade de ser fortalecidas em certos pontos, moderadas noutros. A mudança que devia operar-se ainda no meu pensamento era de natureza política, consistia, por um lado, em aproximar mais as minhas concepções acerca do futuro da humanidade de um socialismo moderado, e, por outro lado, em afastar o meu ideal político da democracia pura, tal como é compreendida vulgarmente pelos seus partidários, para

---

\* Tradução livre. No original: "*No longer enslaved or made dependent by force of law, the great majority are so by force of poverty; they are still chained to a place, to an occupation, and to conformity with the will of an employer, and debarred by the accident of birth both from the enjoyments, and from the mental and moral advantages, which others inherit without exertion and independently of desert. That this is an evil equal to almost any of those against which mankind have hitherto struggled, the poor are not wrong in believing. Is it a necessary evil? They are told so by those who do not feel it — by those who have gained the prizes in the lottery of life*". John Stuart Mill, *Chapters on Socialism*. Auckland: The Floating Press, 2009, p. 15.

o aproximar da forma de democracia exposta nas minhas *Considerações sobre o governo representativo*.*

Não é interessante que um dos pensadores centrais para o liberalismo tenha se reconhecido também um socialista moderado ao final da vida?

HERBERT SPENCER

(Atenção: antes de começar a ler sobre esse pensador, aconselho que você tome um antiácido. E já deixe outro preparado para tomar depois que finalizar a leitura...)

Ao longo do século XIX, popularizava-se entre os liberais a ideia de que o Estado deveria garantir que a disparidade de riqueza e de meios entre as pessoas não fosse tão grande. Do contrário, não seria possível assegurar que as liberdades individuais fossem postas em prática. Como afiançar o exercício da liberdade a uma população sem acesso à educação, moradia digna, condições de se alimentar de forma minimamente decente?

O inglês Herbert Spencer (1820-1903), um dos mais importantes e influentes pensadores liberais, contesta esse liberalismo em grande parte de sua obra, afirmando que essa posição é uma nova forma de conservadorismo. Qualquer ideia que defenda um papel mais ativo ao Estado, por mais bem-intencionada que fosse, conduziria à opressão e ao desgaste contínuo das liberdades. Ele defende uma volta ao liberalismo das origens, com o Estado guarda-noturno. Lembra dele? Um Estado que só entraria em ação em

---

* Id., *Autobiografia*. Trad. de Flausino Torres. Lisboa: Edições 70, 2018. E-book, p. 147.

caso de necessidade, para garantir a lei, a ordem, os contratos e a propriedade.

Todo gasto público que não fosse alocado para a vigilância da propriedade e a garantia dos contratos resultaria em uma coação estatal. Ensino público, bibliotecas, incentivo às artes, tudo isso representaria uma estratégia do Estado para se assenhorear dos bens dos indivíduos em nome de um suposto bem geral.*

O que distingue Spencer de outros liberais e lhe dá destaque é que, para ilustrar seu pensamento, ele se serve de estudos de biologia, principalmente o evolucionismo de Charles Darwin (1809--82) e Jean-Baptiste de Lamarck (1744-1829). Antes de tudo, vale relembrar que parte importante do liberalismo acreditava numa dinâmica natural da sociedade movida pela vontade dos indivíduos de viver cada vez melhor, uma luta que ocorreria num palco dominado por um mercado que tendia ao equilíbrio. Para esses liberais, os avanços da humanidade seriam decorrentes dessa condição natural combinada — vontade de viver cada vez melhor, que nascia com os homens e as mulheres, somada à dinâmica natural de funcionamento do mercado.

Com Spencer, essa ideia ganha outra camada, porque ele argumenta que esse funcionamento natural da sociedade era semelhante ao funcionamento do mundo natural. Natureza e sociedade operariam de acordo com um processo evolutivo de longo prazo — o mais apto sobrevive, o menos apto desaparece. Assim, a busca pelo aperfeiçoamento da humanidade, um dos pilares do liberalismo, não teria a ver com educação, técnica produtiva, experiência ou riqueza, mas com a seleção natural dos mais fortes e aptos. Tudo é, em última instância, subproduto dessa história biológica.

* Herbert Spencer, *O indivíduo contra o Estado*. Trad. de Antonio Fontoura. [s.n.]: [s.l.], 2019. E-book.

Esse processo de seleção natural acontecia de forma *natural* e não havia nada que os homens pudessem ou devessem fazer para alterá-lo, direcioná-lo ou impedir qualquer tipo de violência. O Estado, porém, tentava interferir para oferecer melhores condições aos menos favorecidos, ou para conduzir o processo em direção a algum plano preestabelecido, sobretudo quando os governantes queriam ganhar apoio popular. De acordo com essa teoria, o resultado da intervenção estatal era sempre ruim, já que as leis da natureza não podem ser transformadas pela vontade humana. O jeito era deixar tudo acontecer seguindo seu devido curso.

Spencer se opunha veementemente a que o Estado oferecesse qualquer tipo de serviço público, como saúde, educação, transporte. O primeiro motivo é o mais clássico: sustentar essas instituições significaria tirar mais recursos da sociedade por meio de impostos. Para ele, é melhor que o dinheiro fique com a própria sociedade, porque pode ser usado para aumentar a produtividade. Mas ele dá um passo além e inclui outros argumentos. O Estado não tenderia a crescer se proporcionasse à população serviços públicos, com mais funcionários e mais gastos? Além de mais caro, um Estado maior teria mais regras, imporia procedimentos e proibições que iriam, naturalmente, reduzir as liberdades. Quanto mais leis, mais proibições e menos liberdade.

O Estado tampouco deveria dar qualquer tipo de assistência aos pobres. A esmola degeneraria as pessoas, tirando-lhes o instinto de sobreviver na selva da competição — seria justamente essa luta que as tornaria seres ativos, fortes e viris. O auxílio a quem precisa de comida ou agasalho, por exemplo, chega para quem já provou ser pior e menos apto — os vagabundos, os fracos, gente acostumada à miséria. A esmola estatal vai tirá-los dessa vida desgraçada? Não, vai afundá-los mais, prolongando artificialmente sua existência e sua capacidade de reproduzir mais gente incapaz.

Tudo isso atrasa o curso natural da vida em sociedade e impede que as soluções verdadeiras para a pobreza nasçam desse processo evolutivo biológico.

Spencer acreditava que esse tipo de assistência abriria margem para a criação de um ciclo vicioso: quanto mais ajuda, mais gente se entrega à vadiagem, menos riqueza se produz e mais gente fica pobre e precisa de auxílio. Para oferecer ajuda, contratá-la, entregá-la e planejá-la, o Estado vai inchando infinitamente. Segundo Friedrich Hayek (1899-1992), liberal austríaco do século xx influenciado por Spencer, era esse o "caminho da servidão".

Além de ser contra a vacinação obrigatória, Spencer também se opunha a leis que limitassem o trabalho de crianças nas fábricas de tingimento e nas lavanderias, e à inspeção estatal para punir quem empregava menores de doze anos. Seu argumento era que devia valer o contrato entre as partes — se quem trabalha e quem emprega chegaram voluntariamente a um acordo, qualquer intervenção do Estado seria violenta. E a morte e doença oriundas do trabalho precário decorreriam da dinâmica natural da evolução, segundo a qual o menos apto, talentoso e esforçado perece, enquanto o mais apto sobrevive, aperfeiçoando a humanidade. (Acredite em mim, estou tentando escrever com distanciamento, mas pelo amor... Socorro! Não vai dizer que não avisei...)

E a coisa não para por aí. Essas interferências e auxílios não apenas tirariam dos pobres a vontade de trabalhar, a garra de sair daquela situação, mas também fariam com que as pessoas que se beneficiam disso passassem adiante essa característica adquirida. Nesse ponto, ele está mais com Lamarck e sua defesa da transmissão dos caracteres adquiridos aos descendentes, ideia da qual Darwin discorda.

Por fim, serviços como museus, bibliotecas e ensino gratuitos agravariam a questão social, alargando as exigências dos mais pobres, que passariam a ter vontades e expectativas que não poderiam ser atendidas. Como em vários países essas pessoas mais pobres têm direito ao voto, o Estado se sentiria pressionado a ceder e lhes dar ainda mais. Resultado: o Estado incharia e se tornaria mais opressor. Confiar no livre mercado e na livre concorrência garantiria às pessoas paciência para suportar um espetáculo de miséria passageiro, porque a abundância acabaria chegando a uma humanidade que melhorou graças a esse processo evolutivo.*

Deu para notar a diferença entre Stuart Mill e Spencer, não? Pois é.

## LEONARD HOBHOUSE

O liberalismo não é um movimento monolítico — unitário, sem divisões. Pois no final do século XIX e início do XX, um liberal inglês um pouco menos conhecido, Leonard Hobhouse (1864--1929), refinou a ideia de que o liberalismo não poderia deixar as desigualdades sociais sem resposta. Na verdade, Hobhouse era sociólogo — dos primórdios do que veio a ser chamado de "sociologia" — e foi o primeiro professor de uma cátedra com esse nome na London School of Economics and Political Science. Antes, porém, trabalhou como jornalista e em um sindicato.

Sempre vale lembrar que toda ideologia é influenciada pela história do momento em que ela se desenvolve. Com o liberalismo — um conjunto de ideias com mais de três séculos de existência — não é diferente. Se os primeiros liberais se revoltavam contra um Antigo Regime estratificado, que impedia qualquer individualidade e via as pessoas como membros de grupos coesos

---

* Ibid., posições 660-95. Sobre isso, ver também Pierre Dardot e Christian Laval, *A nova razão do mundo: Ensaio sobre a sociedade neoliberal*. Trad. de Mariana Echalar. São Paulo: Boitempo, 2016.

e imutáveis, os novos liberais do final do século xix e começo do século xx já haviam passado pela Revolução Industrial.

O capitalismo estava mais delineado, bem como as consequências sociais decorrentes da industrialização, como as longuíssimas jornadas de trabalho, a degradação dos trabalhadores na base da pirâmide e o lucro dos industriais. E por isso a busca pela proteção de liberdades individuais passou a incluir novas questões. Para que mais indivíduos pudessem experimentar seu direito de liberdade, talvez algumas reformas na maneira como a sociedade se estruturava devessem ser feitas. Foi assim que nasceu o liberalismo social — e é nesse contexto que viveu Hobhouse, que acreditava na cooperação entre os homens, e que o liberalismo deveria ser uma forma de altruísmo, não de egoísmo.*

Seu livro mais importante, *Liberalism*, de 1911, defendia uma sociedade que proporcionasse a todos o direito de liberdade, ainda exclusivo de alguns. Ele almejava uma "igualdade viva de direitos" que permitisse o direito de oportunidade de autodesenvolvimento a todos. Para alcançar esse objetivo, seria preciso alguma intervenção estatal na forma de agências que fomentassem o bem-estar social — com os devidos impostos para sustentar esse aparato.

Naquele momento, a Inglaterra vivia uma Belle Époque, um crescimento econômico que, Hobhouse pensava, poderia ser mais bem distribuído. Seu argumento era que as liberdades individuais tão caras aos liberais não seriam atingidas sozinhas, mas requeriam uma sociedade saudável e organizada. Ou seja, os direitos eram sociais — eram providos pela sociedade —, mas tinham como fim a libertação do indivíduo.

Na prática, significava que, embora a riqueza fosse adquirida por esforço individual, era a organização da sociedade que permitia

---

* José Guilherme Merquior, *O liberalismo: antigo e moderno*, op. cit., posição 2509.

conquistá-la. Não se tratava de culpa ou mérito do indivíduo sozinho. A sociedade estaria sempre ali amparando — ou, dependendo do caso, atrapalhando. Ninguém vive sozinho, de modo que existe uma obrigação do indivíduo com a sociedade à qual pertence e uma obrigação da sociedade com os indivíduos que a constituem. Essa postura de que algum tipo de redistribuição se justifica foi chamada por Hobhouse de "social-liberal". Ele se preocupava com o desenvolvimento pleno do indivíduo e via no Estado uma instituição que poderia ajudar nesse caminho, e que não poderia ser completamente minimalista. No entanto, havia uma diferença entre o liberalismo social de Hobhouse e o coletivismo, ou seja, a ideia de que o coletivo se sobrepõe ao individual, que fica ainda mais marcada após o fim da Primeira Guerra Mundial.

Em 1917, a Revolução Russa instaurou um governo socialista e, em 1922, foi criada a União Soviética. Assistir a esse evento histórico de enormes proporções fez com que Hobhouse, no fim da vida, temesse um Estado muito poderoso. Aliás, ele não foi o único.

JOHN MAYNARD KEYNES

Quem viveu na mesma época de Hobhouse e foi influenciado por condições semelhantes foi o economista britânico John Maynard Keynes (1883-1946). Suas teorias mudaram por completo o modo como os países conduzem sua política econômica. E, se você já ouviu falar de Keynes ou de "keynesianismo" no debate público brasileiro, você pode estar se perguntando: "Keynes era liberal?". Pois é, mais um exemplo de como as coisas se misturam. Embora hoje uma política econômica keynesiana seja vista como antagônica a uma política econômica liberal, nem sempre foi assim.

Se, no aspecto econômico, liberais clássicos como Adam

Smith acreditavam que, no longo prazo, os mercados livres iriam prover uma sociedade estável, com emprego para todos, para Keynes, o erro nesse pensamento era claro: no longo prazo estaremos todos mortos. Não dá pra esperar esse tempo distante e abstrato para resolver os problemas do presente. O economista então mudou a perspectiva de ver os mercados: em vez de focar a oferta, prestar atenção à demanda. Enquanto ela estivesse deprimida, enquanto não houvesse um gasto massivo, não havia chance de a economia sair da crise. Criar consumo, seja com o Estado gastando diretamente, seja por meio de um ousado programa de criação de empregos e renda era o caminho. Na visão de Keynes, seria a demanda agregada por bens e serviços que determinaria o nível de atividade econômica.

Os economistas liberais clássicos acreditavam que a oferta cria a demanda, máxima conhecida como Lei de Say. Para eles, as pessoas gastavam ou investiam toda a sua renda, já que não faria sentido deixar dinheiro parado. Keynes, no entanto, demonstrou que as pessoas também poupavam para consumir no futuro, sobretudo em momentos de crise e incerteza. A consequência desse comportamento era que, nesses períodos de crise, não havia demanda suficiente nem dinheiro em circulação para mobilizar a economia. Isso gerava um impasse que precisava ser rompido pela ação estatal, que devia criar, ainda que de modo artificial, demanda para que a atividade econômica se reanimasse.[*]

A estreia de Keynes no debate público aconteceu no período que se seguiu à Primeira Guerra Mundial. Ele foi um crítico ferrenho dos acordos que submeteram a Alemanha ao pagamento de indenizações altíssimas. A depressão econômica em que o país seria lançado deprimiria a economia e poria em risco a democracia na Europa. É no contexto dos debates sobre como sair da

[*] Ibid., posição 2720.

crise e reconstruir o continente que em 1926 ele escreve *O fim do laissez-faire*. Entre o coletivismo soviético, que queria superar o capitalismo, e o fascismo, que pregava um Estado forte e não democrático, mas capitalista, Keynes buscava uma solução que conservasse a democracia e renovasse o capitalismo.

Na visão de Keynes, o ciclo virtuoso dos liberais clássicos tinha um problema. Para que a sociedade pudesse oferecer empregos para todos, o Estado deveria intervir, aumentando seus gastos e, com isso, a demanda agregada de toda a economia. Sua teoria teve consequências que Keynes não previu — e das quais tampouco teria gostado. Ele defendia uma intervenção macroeconômica, não micro.* Ou seja, não era para controlar salários e preços, tampouco favorecer grupos de interesses específicos, embora muito disso tenha sido feito usando sua teoria como justificativa.

Em *Ensaios sobre a persuasão*, publicado em 1931, ele afirma que "o problema político da humanidade consiste em combinar três coisas: eficiência econômica, justiça social e liberdade individual". Já dá para perceber que, mesmo que seja visto como oposto dos economistas liberais, ele está longe de ser um coletivista e que a liberdade individual sempre esteve entre suas preocupações.**

### LUDWIG VON MISES

Se você acompanha política nas redes sociais, pode ter ouvido falar do teórico austríaco Ludwig von Mises (1881-1973), que

---

* A microeconomia é o ramo da economia que estuda os comportamentos e as decisões dos agentes em nível individual — por exemplo, o estudo das escolhas de consumo dos indivíduos e o estudo das decisões de produção das empresas. A macroeconomia, por sua vez, estuda essas decisões em nível agregado e seu impacto em variáveis como o PIB e taxas de juros e de câmbio.

** José Guilherme Merquior, *O liberalismo: antigo e moderno*, op. cit., posição 2674.

se tornou referência para um grupo de adeptos de um liberalismo radical — muito mais preocupado com a economia do que com outras liberdades do indivíduo —, e até meme. Já viu aquele "Menos Marx e mais Mises"?

Mises e Friedrich Hayek são os mais famosos expoentes da Escola Austríaca, símbolo de uma nova vertente do liberalismo econômico, o neoliberalismo (pois é, não é muito criativo...). Essa doutrina só atingiu seu apogeu nos anos 1970, mas desde muito antes Mises estava lá plantando sua sementinha de que o progresso viria do conjunto de iniciativas individuais. Uma volta à mão invisível de Adam Smith.

Vou enfatizar mais uma vez a importância do contexto histórico e da existência, e até da coexistência, de vários pensamentos dentro de uma macroideologia. Como vimos, Keynes havia introduzido um liberalismo que permitia, e, na realidade, incentivava, um papel mais robusto do Estado na economia. O resultado prático dessas ideias foi a criação do que hoje chamamos de "Estado de bem-estar social".

Mises tinha quase a mesma idade de Keynes, mas, sendo judeu e austríaco, a percepção de um Estado forte era bem diferente: dar mais poder ao Estado, em sua concepção, era abrir a porta para o autoritarismo. Experiência que ele viveu na pele, tanto que fugiu do avanço do nazismo alemão e foi para os Estados Unidos em 1940.

Keynes e Mises observaram a ascensão de regimes autoritários com Estado forte — o comunismo, que rejeitava o capitalismo, e o nazifascismo, que o abraçava — e chegaram a conclusões bem diferentes. Os intelectuais de Viena acreditavam que o Estado era opressor, perseguia indivíduos e grupos, e exercia o controle total da sociedade. O desejo do Estado mínimo nascia do medo do que poderia advir se mais poderes lhe fossem concedidos.

As sociedades, quando livres, afirmam os pensadores da

Escola Austríaca, utilizariam melhor a informação disponível, permitindo e incentivando os indivíduos a fazer os melhores cálculos para si, ainda que os dados sejam apenas parciais, que as informações para os agentes econômicos não sejam completas e cristalinas. São os indivíduos que melhor conhecem suas circunstâncias, necessidades e desejos, suas habilidades produtivas e aquilo de que teriam que abrir mão para pôr em prática certas ações.

Nesse contexto, as melhores decisões só poderiam vir de forma descentralizada, dentro de um livre mercado. Para ser eficiente, uma sociedade que não segue esse modelo deveria ser capaz de organizar e administrar os elementos dispersos através de um órgão centralizado, o que seria impossível de empreender de maneira eficaz por qualquer Estado.* Não seria um modelo nem eficiente, nem desejável. Vale a pena pensar se essa avaliação seria diferente na época do Big Data.

Mises também viveu mais do que Keynes e pôde acompanhar as repercussões das ideias keynesianas no pós-Segunda Guerra. E não gostou do resultado. Para ele, o "Estado de bem-estar social" tinha ido longe demais, havia criado muitas distorções — era chegada a hora de voltar a um Estado mínimo, que apenas garantisse a legalidade.

Segundo José Guilherme Merquior, embora as ideias de Mises tenham ajudado a limitar a regulamentação estatal excessiva da economia do pós-guerra, o neoliberalismo não considerava o contexto histórico e social de cada país e dava bastante espaço para o conservadorismo social. Suas soluções podiam fazer todo sentido para a vivência que ele teve, mas talvez não se adequassem

---

* Kevin Vallier, "Neoliberalism", em *The Stanford Encyclopedia of Philosophy*. Org. de Edward N. Zalta. Disponível em: <plato.stanford.edu/archives/sum2021/entries/neoliberalism/>. Acesso em: 29 set. 2022.

a outras realidades.* Fica a pergunta: será que um neoliberalismo à la Mises cabe no Brasil de hoje?

Ideologias são vivas. Com essa diversidade de contextos, deu para perceber que nenhuma ideologia permanece sozinha, distante, imutável ao longo dos séculos. Por isso, quando pensarmos em classificar alguém como "liberal", a outra pergunta necessária é: "Mas liberal de que tipo?".

---

* José Guilherme Merquior, *O argumento liberal*. São Paulo: É Realizações, 2020. E-book, posição 66.

# PARTE II
# CONSERVADORISMO

# O nascimento do conservadorismo

Ao bater o olho no sumário deste livro, você talvez tenha pensado que, cronologicamente, faria mais sentido o conservadorismo vir antes do liberalismo. Se houve esse estranhamento, ele foi mais do que natural. Mas se muitas das ideias conservadoras são bem antigas, o pensamento conservador como um sistema de ideias surgiu depois do liberalismo. Foi uma reação às grandes revoluções liberais e logo encontrou um novo adversário, o ideal socialista. Vamos entender melhor essa história.

Em novembro de 1790, quando a Revolução Francesa era o grande tema de discussão entre pensadores de diversos lugares do mundo, o intelectual e homem público irlandês Edmund Burke (1729-97) publicou *Reflexões sobre a Revolução na França.** Foi explosivo. Em menos de um mês o livro foi traduzido para o francês e logo depois estava disponível em italiano, alemão e, numa edição clandestina, em espanhol.

---

* Edmund Burke, *Reflexões sobre a revolução na França*. Trad. de José Miguel Nanni Soares. São Paulo: Edipro, 2014.

O texto, uma crítica muito dura à revolução que tinha acabado de acontecer, trazia uma previsão apocalíptica: o preço daquela ação revolucionária seria alto. Embora ela tivesse sido feita em nome da liberdade, seu resultado seria o exato contrário, a tirania. Esse raciocínio vai reaparecer mais vezes: uma das ideias fundamentais dos conservadores é que toda vez que a humanidade tenta promover grandes alterações na ordem social o resultado é justamente o oposto do pretendido. A busca é por liberdade? Virá a tirania. Quer abundância? Vai colher escassez. Luta por igualdade? Do caos emergirá uma aristocracia que vai tomar o poder para restaurar a ordem na desigualdade.

Na visão de Burke, os franceses seguiam em direção a lutas que iriam dividi-los, jogá-los no caos, e no futuro surgiria a tirania. Essa lógica tem raízes em uma velha tradição do pensamento político, que vem da Antiguidade e ganha força com a obra de Maquiavel (1469-1527): depois da desordem não vem a bonança, mas a tirania. Não importa se for de uma pessoa ou de um pequeno grupo, ela virá, porque é a maneira que uma cidade, nação ou reino encontra para reorganizar o mundo.

Burke escreveu esse grande clássico com medo de que a revolução criasse escola. E ele tinha boas razões para tanto, afinal, espalhar o movimento era um objetivo declarado dos revolucionários franceses. E é importante também lembrar do ano em que o livro foi publicado: 1790. A ruptura revolucionária tinha cerca de um ano e meio. Tudo era ainda muito recente.

Boa parte dos revolucionários acreditava que a Bastilha era apenas o começo de uma onda que tomaria o continente. Eles também tinham a convicção de que haviam revelado e instituído direitos que eram de toda a humanidade, não apenas dos franceses. Não à toa, não haviam escrito e aprovado uma declaração dos direitos dos franceses, e sim uma declaração dos direitos do homem e do cidadão, que repercutiu em toda a Europa, fosse despertando simpatia, fosse assustando quem não estava interessado em ver aqueles princípios batendo à sua porta.

Para se ter uma ideia do alcance, uma centelha pegou e incendiou a colônia escravagista francesa de São Domingos, ajudando a pôr em prática uma "revolução contra os revolucionários". Sim, porque foi um movimento contra o governo da revolução. Uma insurreição de pessoas escravizadas que garantiu o fim da escravidão, a independência em relação à França e a formação do atual Haiti. O incêndio fugiu do controle até mesmo dos revolucionários.*

O livro de Burke, no entanto, vai muito além do medo da revolução. O autor também quer ajustar as contas com o Iluminismo — e isso é fundamental para se compreender o próprio conservadorismo. Mais uma vez devemos recuar no tempo e entender o contexto histórico. Embora a obra de Burke seja de 1790, nosso foco agora é o início desse mesmo século XVIII — início dos anos 1700 —, quando nasceu na França esse movimento filosófico que todo mundo conhece um pouco, pelo menos por cima.

O Iluminismo — visto como um todo, já que há grande variação entre os autores — defendia a ideia de que a humanidade tinha todas as condições de conhecer todas as coisas — a história, a geografia, o mundo natural, a sociedade. De acordo com esses pensadores, o cristianismo impusera falsos limites para o conhecimento humano ao criar noções como "mistério", segundo a qual conhecer todas as coisas cabia apenas a Deus. A religião também havia transformado a vontade de conhecimento em pecado. Santo Agostinho (354-430), em suas *Confissões*, diz: "Eis o que respondo a quem pergunta: 'O que Deus fazia antes de fazer o céu e a terra?'. Não respondo como dizem que alguém respondeu, esquivando com uma brincadeira a contundência do questionamento: 'Pre-

---

* C. L. R. James, op. cit.

parava o inferno para quem investiga mistérios profundos"".* Os iluministas acreditavam que, se negassem essa visão, tida como atrasada e obscurantista para o ser humano, seria possível que pouco a pouco a humanidade conhecesse todas as coisas.

Na verdade, eles davam um passo além. Depois de conhecer a realidade, era possível e desejável que tudo aquilo que não fosse racional ou, como se diria um pouco mais tarde, útil, deveria ser modificado. Não era preciso aceitar o mundo como ele se apresentava, ele podia ser mudado. Em outras palavras, a humanidade podia conhecer o mundo e alterá-lo de acordo com a razão, estabelecendo uma vida em sociedade que fosse fruto da vontade humana.

Tais ideias têm tudo a ver com a Revolução Francesa. Embora as causas desse evento sejam muito complexas para serem condensadas em duas linhas — e por isso eu sugiro que você retorne ao tópico sobre ele, se ainda não passou por lá —, é óbvio que a disposição dos revolucionários de substituir o Velho Mundo por um novo e redesenhar a vida em sociedade segundo a razão dialogava com o ideal iluminista.** Tudo o que não passasse no teste da razão deveria ser substituído por algo elaborado por pensadores.

E essa visão otimista quanto à possibilidade de o ser humano entender e mudar as coisas estava em toda a parte. Imagine um ambiente cheio de gás inflamável. Uma fagulha da Revolução Francesa poderia incendiar geral.

Isso tudo mostra não apenas por que Burke tinha medo, mas ainda sublinha que, embora os conservadores temam a revolução como ameaça imediata, no fundo estão se contrapondo ao Iluminismo, que é a filosofia inspiradora daquilo tudo. O conservado-

---

* Santo Agostinho, *Confissões*. Trad. Lorenzo Mammì. São Paulo: Penguin-Companhia das Letras, 2017, p. 313.

** Franco Venturi, *Utopia e reforma no Iluminismo*. Bauru: Edusc, 1994.

rismo nasce para dizer que o homem não pode conhecer todas as coisas e que não deve alimentar a ilusão de que pode transformar todas as coisas. Deu para perceber que iluminismo e conservadorismo são ideias incompatíveis?

Burke não imaginava que estivesse escrevendo um texto fundador, seminal — aquele documento que cria alguma coisa ou funda uma corrente de opinião, um movimento artístico, uma organização. A Declaração de Independência dos Estados Unidos também foi um texto inaugural, porque marca o início de um país. O mesmo vale para o *Manifesto do Partido Comunista*, publicado por Karl Marx e Friedrich Engels em 1848, a partir do qual nasce uma nova vertente do movimento socialista, o comunismo.

É óbvio que livros importantes sobre a história do conservadorismo vão citar vários pensadores anteriores a 1790, ano da publicação do livro de Burke. Roger Scruton (1944-2020), por exemplo, se refere a uma "pré-história" do conservadorismo, citando autores ingleses do século XVII* e ressalta as contribuições de David Hume (1711-76) para o surgimento do conservadorismo moderno.** Mesmo assim, os conservadores não deixam de considerar o texto de Burke o marco mais importante, o verdadeiro ponto de partida dessa ideologia. É diferente do caso do liberalismo, por exemplo, cuja data de início é mais controversa (lembra do "protoliberalismo"?).

Além de sua importância histórica, a obra de Burke mostra que, em muitos casos, as teorias muito profundas nascem justamente para resolver problemas políticos concretos. Nesse caso específico, afastar o fantasma da Revolução Francesa e evitar novos estragos. Embora fosse um problema real, para dar substância a

---

* Roger Scruton, *Conservadorismo: Um convite à grande tradição*. Trad. de Alessandra Bonrruquer. Rio de Janeiro: Record, 2019, p. 7.
** Ibid., p. 23.

seus argumentos e enfrentar uma série de adversários cujas teorias sofisticadas defendiam a revolução, o autor precisou desenvolver uma teoria com um nível alto de abstração, construindo uma verdadeira filosofia de como a humanidade se relaciona com a história.

Esse processo de partir de um problema real para criar teorias aconteceu em muitos outros momentos da história do pensamento e acho essa observação importante por vários motivos. Primeiro, porque dá para perceber como a política está em todos os cantos de nossa vida e pode ser produtiva, dando origem a ideias de grande relevância. E porque, no fim, vemos que não existe uma separação muito grande entre teoria e prática — ambas estão sempre relacionadas, ainda que não seja evidente. Burke dá o exemplo com o conservadorismo, assim como Marx com o comunismo, que veremos em breve.

O conservadorismo não tem exatamente um programa — um projeto de como o mundo deve ser. Na verdade, essa ideologia desperta em horas difíceis para evitar que a disposição da humanidade de promover grandes mudanças cause problemas. Os defensores do conservadorismo verão essa ideologia como uma espécie de teoria de emergência, que se ergue quando passam a estar em xeque valores importantes, imemoriais, estruturantes da vida social. Em outras palavras, é uma teoria reativa, como você vai ver.

# O conservadorismo e a lógica do cubo mágico

Mais do que um conjunto de pensamentos, o conservadorismo é um método — um modo de olhar o mundo, de compreender as coisas e agir.

Imagine que você está querendo entender uma árvore. Não as árvores em geral, mas uma específica, que está bem ali na sua frente. Existe apenas um modo de fazer isso, um método único? Claro que não. Posso olhar a árvore de cima, subindo num prédio, por exemplo, e me posicionando em algum ponto de observação que me proporcione uma boa visão. Outra opção é examinar a árvore de baixo, me aproximando dela e erguendo a cabeça em direção à copa. Posso ainda olhar a árvore de uma distância bem maior — uma posição em que não vejo a árvore tão bem, mas consigo ter uma noção da floresta como um todo, ou seja, com um binóculo ou um telescópio eu enxergo meu objeto no contexto de outras árvores. Ainda posso ir bem pertinho e isolar apenas um pedacinho do tronco e examinar a olho nu ou com um microscópio. São muitos jeitos, não? Podemos pensar que esses modos diferentes de estudar a árvore são métodos, ou seja, estratégias para tentar conhecer, modificar ou explicar alguma coisa.

Vamos ver com mais detalhes na seção sobre o socialismo, mas com frequência filosofias, ideologias ou religiões comportam mais do que ideias, programas ou posições. Na verdade, também trazem consigo a defesa de um método para conhecer e interpretar as coisas. Em muitos casos, portanto, uma ideologia é um *conjunto de ideias* e uma *forma* de compreender o mundo.

Vale observar que esses métodos não são necessariamente excludentes. Posso tentar entender a árvore usando o microscópio, mas isso não me impede de obter outras informações olhando de longe com um telescópio. Tenho a liberdade de escolher as duas opções (ou outras mais, se julgar necessário), ainda que acredite que um método vai ser mais eficiente que o outro.

Nas ciências naturais, os métodos se complementam, não se excluem. No pensamento político, as coisas não são bem assim. De um modo geral há a crença de que os métodos se excluem: seria preciso escolher um *ou* outro. Um me levaria à verdade; o outro, ao engano. Também existe a ideia de que a posição política da pessoa indica que o método que ela usa para entender as coisas será necessariamente aquele correspondente à ideologia.

A ideologia acaba funcionando como uma espécie de combo: com um ponto de vista, vem o pacote completo — e se não aceito as batatas fritas, sou ignorante ou incoerente. Mas será que métodos diferentes para olhar o mundo, a trajetória humana, a economia, a cultura, a nossa relação com o tempo — temas típicos do debate ideológico — não podem ser complementares? Não seria possível entender melhor o mundo combinando-os, ao menos até certo ponto? Fica aí uma provocação para pensarmos.

Bem, o pensamento conservador propõe um método. E esse método parte da seguinte premissa: para os conservadores, os seres humanos são limitados, tanto para conhecer o mundo como para transformá-lo. Segundo o ensaísta português João Pereira Coutinho (1976-),

> somos imperfeitos, intelectualmente imperfeitos, não porque tenhamos nascido livres e nos encontremos aprisionados em toda parte (a célebre proclamação de Jean-Jacques Rousseau que não é mais do que uma corruptela bíblica sobre a queda do homem), mas porque a complexidade dos fenômenos sociais não pode ser abarcada, muito menos radicalmente transformada rumo à perfeição, por matéria tão precária.*

O liberalismo é otimista quanto às possibilidades de superar as dificuldades, construir a felicidade e a abundância. Os indivíduos, desde que livres, tenderiam a se aperfeiçoar, progredir, sempre movidos por seus interesses individuais. Esse progresso individual, por sua vez, resultará, ainda que com idas e vindas, no bem para todos. O conservadorismo não acredita nisso.

O pensamento conservador é bastante pessimista quanto ao potencial humano. A humanidade já teria demonstrado suas limitações, que são de natureza variada. Alguns autores argumentam na linha das formulações da filosofia cristã: somos imperfeitos, movidos por paixões, irremediavelmente pecadores e, portanto, tendemos ao erro. Outros enfatizam a dificuldade humana de conhecer o mundo, que é muito mais complexo do que nossa capacidade de entendê-lo.

A falta de juízo da humanidade em reconhecer limites, imperfeições e defeitos — comprovada pela história — a levaria a se iludir e acreditar que pode fazer coisas que simplesmente não pode. Não pode, ou, ainda que possa e consiga, não deve.

---

* João Pereira Coutinho, *As ideias conservadoras explicadas a revolucionários e reacionários*. São Paulo: Três Estrelas, 2014, pp. 34-5.

Essa imperfeição tem uma dimensão intelectual. Aos olhos dos conservadores, o Iluminismo foi otimista demais ao acreditar que a humanidade seria capaz de conhecer tudo ou quase tudo, ao crer que nossa ignorância era fruto do medo de conhecer as coisas, inculcado em nós pela Igreja. Na verdade, a complexidade do mundo é *muito* maior do que nossas condições de conhecê-lo. Toda vez que buscamos entender as coisas, conseguimos ter somente uma ideia pálida, distorcida, pouco clara a respeito delas. A noção de que um pensamento racional conduz necessariamente à verdade é desmentida pelo fato de que várias pessoas olhando para a mesma coisa podem ter visões completamente diferentes.

De forma mais simplificada: um pensamento racional não é garantia de se atingir a verdade. Uma pessoa pode analisar determinada coisa de modo perfeitamente lógico e mesmo assim não chegar à verdade. Aliás, dez pessoas podem fazer o mesmo exercício, lançando mão de toda a racionalidade do mundo e da capacidade cognitiva humana, e elas vão chegar a dez opiniões diferentes — porque, afinal, somos limitados e imperfeitos.

O que isso tem a ver com o método? Respondo com outras perguntas: se penamos, se temos dificuldade para compreender as coisas, para entender o mundo e decifrar a lógica que há por trás dos processos, como vamos realizar grandes transformações? E, mais importante, como podemos inferir como as coisas deveriam ser se mal sabemos como elas são?

O pessimismo dos conservadores diante das possibilidades intelectuais humanas, portanto, exige da humanidade movimentos muito cuidadosos se ela quiser alterar a vida em sociedade, sob pena de cometer erros graves. Conscientes da nossa limitação, nós, seres humanos, deveríamos ser cautelosos. Segundo os conservadores, as forças progressistas e os liberais se acham verdadeiros engenheiros ou arquitetos sociais. Desenham numa prancheta uma planta de como a sociedade deveria ser, sempre de acordo com um plano global, e vão a campo realizá-lo. Para que o mundo fique igual ao projeto, é preciso demolir as construções antigas. Demolir aos poucos, se for gente um pouco mais ponderada, ou pôr tudo abaixo de uma vez, se forem revolucionários.

Os conservadores acreditam na necessidade de mudanças porque a vida exige. Mas, em vez de agir como engenheiros ou arquitetos sociais, postulam que a melhor saída é ir com muita calma. A lógica é a de um jogo de palitinhos ou pega-varetas: o jogador tem que remover, com todo cuidado, somente a peça que deseja tirar. Mexeu com os outros palitos, perde a vez. Ou seja, as coisas podem ser mudadas, mas sempre com muita certeza, com muito cuidado, de preferência em aspectos muito específicos.

É preciso, portanto, pensar bastante antes de agir. Na vida em sociedade é melhor errar por não agir do que por ter agido de modo equivocado. E, caso seja mesmo necessário realizar mudan-ças, é bom ter em mente que, se passarem do ponto, tudo pode se desconfigurar e até mesmo ruir. Isso porque no mundo as coisas estão interligadas, mas não com encaixes perfeitos como um jogo de Lego, que lhe permite montar e desmontar com facilidade e tudo fica bem. A realidade é que tudo se conecta em um nó su-percomplexo, com uma coisa se apoiando na outra, como... sim, no jogo de varetas.

É curioso, portanto, como gente que queria "mudar tudo o que está aí" se apropriou do rótulo do conservadorismo...

Mas continuemos o assunto com um breve resumo de dois aspectos importantes do método conservador. O primeiro é que, na hora de conhecer as coisas, é bom ser humilde e pensar que há uma chance grande de estarmos total ou parcialmente errados. É bom evitar generalizações e teses que tentam explicar tudo. As pequenas explicações, em geral sobre coisas que já estão bem apa-rentes, ou seja, cujos contornos já estão claros para todos, são o melhor modo, e o mais realista, de exercer a atividade de conhecer.

Em segundo lugar, como regra geral, é preciso evitar mudanças. É quase sempre mais prudente manter do que alterar. Quer dizer que tudo deve ser conservado e nada deve ser mudado? Não, significa apenas que é preciso conduzir esse processo devagarinho, pontualmente, sempre com base numa convicção formada na base da paciência e da prudência. Ou então tudo pode desmoronar. Um projeto humano que dá errado pode gerar caos, fome, autoritarismo e perseguição, além de destruir velhas tradições que davam significado à vida das pessoas. Por isso é preciso ter muita cautela.*

Aqui também vale uma ressalva, sobretudo porque a questão do conservadorismo ganhou muita popularidade nos últimos tempos: nem todo mundo que se diz conservador é conservador de fato. Acontece com todas as ideologias: uma ideia dá origem a diversas correntes, a partir das quais surgem aplicações práticas muito distintas — que diferem tanto uma das outras como às vezes da teoria que supostamente lhes serve de base. É por isso que insisto em dizer que rótulos servem para pouca coisa.


## UMA CONCEPÇÃO DE HISTÓRIA: OS EQUILÍBRIOS

Seguindo a metáfora dos jogos — os conservadores pensam que a lógica do mundo se aproxima mais de um jogo de varetas do que de um Lego —, a vida também seria parecida com um cubo mágico.

Imagine que seu colega ficou três meses tentando montar o cubo mágico e conseguiu: todos os lados do cubo estão organizados, cada um com sua cor. Você olha para o cubo e, sorratei-

---

* Uma provocação válida é que só pode pensar em cautela quem não tem urgência. Para quem já vive o caos, a fome e a perseguição, toda espera é demora.

ramente, faz alguns movimentos e vê que desfez um quadradinho do lado verde. Dá aquele frio na espinha, mas pensa que é só mover de novo que vai resolver. De fato, você resolve o lado verde, mas logo vê que ao consertar você desfez também o azul, o vermelho, o amarelo...

Segundo os conservadores, no mundo, como no cubo mágico, há um equilíbrio precário, frágil. Todas as coisas estão relacionadas, são interdependentes — nada está isolado. Quando esse sistema sai do controle, é impossível recuperar seu estado anterior, porque ele não foi formado por nenhum ser humano individualmente, é um equilíbrio decorrente de séculos de experiência humana. Por isso, como o mundo não foi organizado pela vontade de um grupo, também não pode ser redesenhado pela vontade de outro.

Não estou exagerando quando digo que os conservadores acreditam que a formação desses equilíbrios que sustentam o mundo seria lentíssima, um processo muito mais lento do que nossa vida ou do que estamos acostumados a pensar. A vida em sociedade seria consequência desse processo histórico, e as mudanças maiores e mais importantes também aconteceriam dessa forma, com um acúmulo de experiências e vivências que ultrapassaria gerações.

Essa corrente não imagina um futuro brilhante, de abundância, paz e felicidade, muito pelo contrário: não há um projeto de como as coisas devem ser, nem um programa pelo qual é preciso lutar, nem uma projeção do futuro sobre como as coisas vão ser. O conservadorismo recomenda que se viva com sensatez, aproveitando as conquistas da humanidade, sem ilusões sobre as possibilidades de criar um mundo perfeito de acordo com um plano genial.

Nesse sentido, o conservadorismo difere tanto do socialismo como do liberalismo. Os liberais entendem a história da humanidade como um caminho cumulativo positivo, que começa nas cavernas, passa pelos dias atuais e tende a ter no futuro um ponto de chegada muito melhor, de fartura e liberdade. É claro que esse cenário é uma simplificação — nem todo liberal pensa assim e hoje em dia há muito pessimismo em todos os espectros políticos. No entanto, do ponto de vista teórico, o liberalismo acredita que, apesar de tudo, a vontade dos indivíduos de viver cada vez melhor, quando livre de amarras, tem movido a humanidade em direção ao progresso e que o ser humano tende sempre a se aperfeiçoar.

O socialismo também tem uma interpretação otimista da história, com um programa a ser realizado e um ponto de chegada — uma sociedade igualitária. E, sobretudo em sua vertente marxista, crê em um postulado semelhante ao dos liberais: a humanidade está avançando, já que o ser humano foi se aperfeiçoando e melhorando os modos de produzir riqueza. No fim do caminho, essas escolhas racionais resultarão num mundo baseado no cálculo e na vontade humana, acabando com a anarquia da produção e garantindo uma exploração e distribuição racional dos recursos e da riqueza produzida pelo trabalho. Certos socialistas veem apenas outro final possível que não esse planejado: a barbárie.

Justamente porque o conservadorismo não tem um programa no sentido de imaginar uma sociedade da razão e então buscar alcançá-la, alguns autores afirmam que essa corrente não deve ser considerada uma ideologia. Outros, como João Pereira Coutinho, defendem que ele é uma ideologia, mas diferente — fundamentalmente reativa e, como vimos, de emergência.*

Samuel Huntington (1927-2008), cientista político america-

---

\* Para uma sistematização do debate sobre conservadorismo e ideologia, ver João Pereira Coutinho, op. cit. Para uma rejeição à ideia de ideologia, ver Michael Oakeshott, *Rationalism in Politics and Other Essays*. Indianápolis: Liberty Fund, 2010.

no, tem um ponto de vista interessante: para ele, o conservadorismo necessita da ameaça concreta de outra ideologia para se articular como ideologia.* Vou falar dessa questão mais adiante, ao abordar três momentos históricos em que o conservadorismo se articulou para manter antigas conquistas da humanidade e velhas tradições que davam sentido à vida em comunidade. Assim, ele seria muito mais uma atitude do que um programa.

Isso tem tudo a ver com a questão do método, porque essa conclusão dos conservadores implica uma receita de como agir: conservando as conquistas obtidas lentamente e com muito esforço. Desse modo, o conservadorismo na política deve evitar que as ilusões racionalistas da humanidade — alimentadas pelo otimismo de socialistas e liberais — alterem esse equilíbrio do mundo. Ou seja, não deve permitir que modos de viver, tradições, espíritos comunitários e hierarquias que garantem respeito, convivência harmônica e ordem sejam extintos por sistemas de pensamento inventados por um "intelectual em sua máquina de escrever", como brincava Isaiah Berlin (1909-97), filósofo russo naturalizado britânico.

---

* Samuel Huntington, "Conservatism as an Ideology". *The American Political Science Review*, v. 51, n. 2, pp. 454-73, jun. 1957. Ver também João Pereira Coutinho, op. cit.

# Os alicerces

A LUTA CONTRA A CRIAÇÃO ARTIFICIAL DA IGUALDADE

Na visão dos conservadores, as pessoas são iguais e diferentes. Iguais porque, filhos de Adão e Eva (partindo de um raciocínio cristão), são substancialmente as mesmas do ponto de vista corporal — não há diferença significativa do ponto de vista biológico. Ao longo do tempo, porém, a vida em sociedade criou diferenciações que têm a ver com o papel de cada grupo na organização da vida comum. A sociedade funciona a partir de uma lógica hierarquizada e não adianta forçar a barra e tentar criar uma igualdade artificial. Essa dinâmica não teria sido simplesmente inventada, mas teria nascido de um processo lento, de muitos séculos, que foi determinando o lugar de cada grupo humano.

Assim, as pessoas são iguais em certo sentido, porque nasceram iguais no aspecto corporal, mas diferentes, porque a vida em sociedade exige que cada um cumpra funções distintas e, para que as coisas funcionem, é preciso hierarquia. Mas não é contraditório pensar numa sociedade que é, ao mesmo tempo, de iguais e de diferentes?

Em teorias sofisticadas, sempre há raciocínios que à primeira vista parecem contraditórios. Na verdade, teorias complexas muitas vezes são complexas porque precisam dar conta do que aparenta ser incompatível. E aqui vamos entrar em um ponto-chave do conservadorismo.

Vimos que a maioria dos liberais preza a liberdade individual, base de todo o pensamento dessa corrente. Muitas vezes, a própria vida em comunidade é vista como um espaço em que o conforto e a liberdade individual são garantidos. Nessa lógica, a vida em comunidade é um *meio*, não um *fim*. Por exemplo, eu sou livre e a minha liberdade se expressa no fato de que posso realizar as minhas vontades: quero escrever minha opinião no jornal, quero casar com tal pessoa, quero votar em tal pessoa, quero montar um negócio, quero vender isso e comprar aquilo etc. "Quero", aqui, é a palavra central. E a vida em sociedade me garante essa liberdade individual. A liberdade, portanto, vem antes da vida em comunidade e é mais importante do que ela, porque a vida comum é apenas uma maneira eficiente de realizar minhas vontades e, ao realizá-las, acabo "melhorando" a vida de todos. Essa é uma lógica individualista.*

É como na noção clássica de Adam Smith: é a vontade de viver cada vez melhor que move os indivíduos e, em última instância, garante o funcionamento da vida em sociedade:

> Não é da benevolência do açougueiro, cervejeiro ou padeiro que esperamos nosso jantar, mas da preocupação por seu interesse. Dirigimo-nos não à sua humanidade, mas ao seu amor-próprio,

---

* Jonathan Haidt, op. cit., posições 15-26.

e nunca lhe falamos de nossas necessidades, mas das vantagens deles.*

Para os conservadores, a lógica é diferente: a vida em sociedade vem antes. Nós somos seres gregários, ou seja, desde o primeiro momento nos agrupamos para viver. E a vida em grupo implica, necessariamente, aceitar a ordem e as obrigações da convivência. Todo grupo, para funcionar, tem suas regras, sua disciplina... A liberdade viria *depois* da vida em comunidade, ou seja, a liberdade que cada indivíduo exerce individualmente, limitada, só seria possível pela ordem e pela aceitação cotidiana dos princípios da vida em grupo. Essa é a lógica que caracteriza comunidades sociocêntricas.**

Ou seja, a liberdade só pode ser alcançada porque existe a vida em comunidade — ela é a resultante, o *produto* dessa vida. E mais: para que isso aconteça, é necessário que todos cumpram uma série de obrigações perante a comunidade, cada um com sua função. E esse papel de cada um — esse cumprimento de obrigações — resulta na ordem, que é justamente condição da liberdade. Com frequência liberais e socialistas acreditam que a ordem fere a liberdade, mas esse não é o caso dos conservadores. Para eles, é a ordem que garante a emergência da liberdade.

Isso tem tudo a ver com a igualdade porque, na visão dos conservadores, uma sociedade em que todos são iguais, como sonharam alguns revolucionários franceses no passado e sonham os socialistas hoje em dia, não é capaz de garantir a ordem. A ordem pressupõe a existência dessa divisão de papéis. Pensemos numa fa-

---

* Adam Smith, *A riqueza das nações: Uma investigação sobre a natureza e as causas da riqueza das nações*. 4. ed. Trad. de Norberto de Paula Lima. Rio de Janeiro: Nova Fronteira, 2017. E-book, posição 471.
** Jonathan Haidt, op. cit., pp. 15-26.

mília. Há igualdade na família? Do ponto de vista formal, ao atingir a maioridade todos têm os mesmos direitos e são iguais. Para funcionar, porém, uma família exige certa desigualdade: a autoridade paterna e materna (durante muito tempo e ainda hoje em muitas sociedades, com a figura paterna ocupando o topo dessa hierarquia). É preciso que se respeite uma hierarquia, situando os pais numa posição superior, ainda que, diante da lei, todos sejam iguais.

Mesmo grupos de amigos ou grupos que se reúnem para um fim comum — como uma turma que se encontra todo domingo para jogar futebol — conhecem uma hierarquia, ainda que informal. E, de acordo com os conservadores, isso acontece porque as pessoas são mesmo diferentes. Há aquelas com talento para liderar, outras com mais facilidade e aptidão para organizar as coisas, e assim certas hierarquias acabam surgindo, e, se forem naturais, tendem a ser aceitas por todos e a se estabelecer com harmonia.* Há, na verdade, uma diferença entre as pessoas que nunca será anulada: todas têm personalidades, vocações e talentos próprios, e ocuparão, naturalmente, papéis distintos.

Essa hierarquia pode se tornar opressora? Os conservadores acreditam que sim, especialmente quando aquele que tem a autoridade tenta reorganizar o mundo e mudar as coisas. A autoridade passa a ser violenta quando cai na tentação reformista de usar a ordem e sua posição para instituir o novo e reverter velhas tradições. Isso quer dizer que uma autoridade que vem do passado e é fruto de hierarquias antigas tende a ser aceita por todos, mas tudo se degenera quando a pessoa que assume esse lugar hierárquico tenta promover mudanças radicais e transformar as relações.

---

* Aqui é importante pensar que esse raciocínio pode, sim, naturalizar hierarquias opressoras que são traço de cultura, e o respeito a elas pode repousar numa harmonia aparente, que decorre da força da opressão. Pensemos na estrutura patriarcal: será que a aceitação dessa harmonia pelas mulheres é mesmo genuína?

Outra maneira de destruir essa harmonia histórica, forjada pelo tempo, é quando se formam grandes unidades políticas centralizadas com o poder exercido por um poder central distante. Boa parte dos conservadores defende que a vida deve se organizar em pequenas comunidades. Se eu estiver em um grande país, é importante que a estrutura de exercício do poder mantenha nas localidades a maior parte das prerrogativas, dos poderes.

Quanto menor a comunidade, mais a autoridade terá aceitação, porque ela vai se impor entre pessoas que se conhecem, vivem de modo parecido e podem ter relações de afeto, como nas famílias. É por isso que boa parte dos conservadores tende a simpatizar com modelos políticos em que o poder *não é* centralizado. Boa parte, mas não todos, porque há muitos pensadores conservadores que, em defesa da ordem, da defesa de uma cultura ou de um espírito patriótico adotam um conservadorismo nacionalista e imperial que, ao sonhar com a grandeza de determinado país, acaba advogando poderes mais centralizados. Ainda assim, esse conjunto menor não precisa necessariamente ser pequenininho. É possível haver um conservadorismo nacionalista, imperial, alicerçado nos vínculos comuns de determinadas pessoas que integram esse território. Ele não será, entretanto, internacionalista ou cosmopolita, pois tende a valorizar a tradição que costuma emergir das comunidades ou mesmo das nações. E muitas vezes enxerga riscos de que essas tradições se percam diante do contato com uma cultura massiva, mundializada, sem identidade com aquilo que se acumulou localmente. Já ouviram por aí o medo do "globalismo"?

Para resumir esse aspecto do pensamento conservador, vale ter em mente que, para ele, há uma naturalidade na hierarquia e o ser humano não consegue — nem deve querer — revogar processos naturais como esse. Além disso, tentar criar a igualdade de maneira artificial cria o risco de que, a partir daí, instaure-se o exato oposto do resultado pretendido. Na busca artificial da igualdade, encontramos o risco de aprofundar as desigualdades.

Os conservadores veem nas experiências socialistas um caso exemplar. Em teoria, no socialismo todo mundo é igual, não haveria mais ricos. Na prática, porém, logo surge uma aristocracia que concentra todos os poderes, além de vários pequenos ditadores que ocupam cargos estatais. A hierarquia que morreu e a que nasceu não são iguais: a primeira havia sido estabelecida por uma experiência humana de séculos, enquanto a nova seria uma degeneração, um modo de impor a ordem no caos que os próprios revolucionários criaram.

Resumindo, o conservadorismo é uma reação e se organiza como ideologia diante de ameaças. Um pensamento que nasceu como resposta ao igualitarismo da Revolução Francesa, da Revolução Russa, de governos mais radicalmente reformistas da esquerda e a uma série de reformas sociais capazes de instituir uma igualdade artificial.

## A LUTA CONTRA A DITADURA DAS MASSAS

Seguindo essa mesma lógica, ao longo da história o conservadorismo luta contra o estabelecimento de uma ditadura das massas. A modernização, o surgimento das grandes cidades e das fábricas fizeram com que um novo ator surgisse, de forma mais relevante, na vida política: o povo. Com manifestações, abaixo-assinados, greves e poder de voto, esse novo ator passou a ganhar relevância e intervir cada vez mais na política. E, considerando que o povo estava muito longe de viver bem, de ter conforto, direitos e garantias, essa tomada de protagonismo aconteceu numa tentativa de mudar as coisas.

Uma das ferramentas foi justamente o voto. Na verdade, poderíamos contar a história do século XIX e da primeira metade do século XX como uma história da luta pelo direito de votar. Esse processo de escolha remonta à Antiguidade greco-romana, séculos antes de Cristo. Depois da Independência dos Estados Unidos, da Revolução Francesa e de outros movimentos revolucionários que aconteceram na virada do século XVIII para o XIX, o voto ganhou sua forma moderna, que é a representativa.

No começo desse novo mundo que nasce com a Revolução Francesa, quem votava, na imensa maioria dos lugares, era uma pequena parcela da elite. Não gozavam desse direito mulheres, escravizados e quem não tinha renda ou propriedades. No entanto, pouco a pouco e com muitas lutas, mais grupos conquistaram o direito de votar, ampliando o número de eleitores. E, na visão dos conservadores, esse cenário era um grande perigo, porque era natural que os setores que estavam abaixo na hierarquia social buscassem usar o voto para mudar as coisas, pondo o mundo de ponta-cabeça e invertendo as velhas hierarquias.

Lembra que os liberais temiam uma ditadura da maioria? Para eles, as eventuais maiorias poderiam destruir liberdades individuais. Não é essa a maior preocupação da maioria dos conservadores. O cerne da questão, para esse grupo, é impedir que a grande massa, interessada numa alteração imediata de suas condições de vida, destrua todo o edifício da vida social construído por séculos. Eles acreditavam que os revolucionários e os reformadores radicais sempre apelaram para a massa, oferecendo ao povo a ilusão de um mundo inventado, irreal. Foi um apelo muitas vezes eficiente, mas teria tido resultados catastróficos, por ter implantado o caos, a anarquia e... lembra da inversão que sempre acontece? Quando tentam conquistar liberdade, obtêm tirania etc. Seguindo esse raciocínio, a ditadura das massas em pouco tempo se transforma — ou pode se transformar — em uma ditadura contra as massas.

Hoje muito raramente os conservadores são contra o direito de voto,* que acabou se inserindo no tecido social e na consciência geral da população. Na visão de muitos deles, o voto acabou ganhando lugar em um processo lento, ponderado, uma transformação não radical e dilatada no tempo. No entanto, a preocupação com uma ditadura das massas, arrastadas por projetos revolucionários desastrosos, permanece.

## A LUTA CONTRA A SOCIABILIDADE DOS INTERESSES

Por mais que não gostem de admitir, os marxistas e boa parte dos liberais têm muito em comum: ambas as correntes sustentam, ainda que cada qual a seu modo, que a sociabilidade moderna, ou seja, as formas pelas quais as pessoas se relacionam, é baseada no interesse. Se antes as pessoas viviam em pequenas comunidades e todo mundo se conhecia, hoje a sociedade moderna, das grandes cidades, acabou com isso. Vivemos em meio a uma multidão, numa comunidade de estranhos. Você vai ao supermercado, anda na rua, vai a uma praça e não conhece mais ninguém. O que organizaria essa sociabilidade moderna, para os marxistas e a maior parte dos liberais, seria justamente o interesse. As pessoas se agrupam pelo interesse. E aqui ressalto que a palavra interesse não tem necessariamente um sentido negativo.

Pensemos por um momento a partir da visão liberal e imaginemos que eu seja uma dentista. Ofereço meu trabalho no consultório, recebo dinheiro, troco esse dinheiro por arroz, feijão, gasolina, roupas e moradia. Outras pessoas plantaram os grãos,

---

* Ao menos explicitamente, já que, como vimos, o raciocínio segundo o qual quem faz escolhas diferentes das minhas "não sabe votar" aparece entre partidários de diferentes ideologias e revela a ressalva quanto à ideia de voto universal.

levantaram cedo e foram trabalhar no posto de gasolina, costu-raram as roupas e construíram o prédio onde eu moro. Não sei quem são essas pessoas e provavelmente nunca vou descobrir, mas estamos nos relacionando sem nos conhecermos. O que "or-ganiza" esse relacionamento entre estranhos e faz com que mes-mo desconhecidos integrem uma comunidade é o *interesse* de cada um de viver, ter roupas, comer, e, claro, não ter dor de dente.

Veremos melhor essa questão mais para a frente, mas por enquanto é bom não esquecer que Marx acreditava que os traba-lhadores lutam e em algum tempo vão produzir a transição para o socialismo porque o avanço da consciência deles os fará perceber que é esse o interesse deles. As pessoas não fazem greve porque acham bonito, mas porque estão interessadas num aumento sala-rial, e o jeito mais eficiente para conquistar esse interesse comum é lutar junto. Já viu greve de uma pessoa só? E por que os burgue-ses vão se opor a essa greve? Por questões de ordem moral? Não, porque é do interesse deles. Na visão marxista, as classes lutam por seus interesses e isso é natural.

Os conservadores resistem à ideia de que as pessoas se rela-cionam em função de interesses. Em primeiríssimo lugar, porque elas não se agrupam a partir de uma decisão racional. Ninguém decide viver de determinada maneira: vivemos como vivemos porque isso vem de um passado distante, de tradições e velhos costumes. Antes de nascermos já era assim. Ninguém, portanto, decidiu como o mundo seria. É como se os indivíduos nascessem já em um mundo pré-ordenado, com uma ordem já estabeleci-da de como eles devem viver e se organizar, sem precisar pensar sobre o assunto. E nascem carregando uma tendência a se sentir confortáveis e acolhidos por esse mundo, especialmente em fun-ção das relações afetivas familiares.

Assim, o mundo não é uma assembleia permanente de pes-soas lutando cada uma por si para viver melhor, mas um produto de tradições que organizam a vida em sociedade. Uma vida cheia de defeitos, porque essa é a natureza humana, mas muito provavelmente a melhor possível. O amor familiar, a amizade, a solidariedade, os afetos, a religião e o respeito aos mais velhos não são decisões individuais e momentâneas, assemelham-se mais a um líquido em que todos nós nos movemos. Tentar pôr um fim ao egoísmo, à violência, ao individualismo, à falta de empatia e aos desmandos, buscando substituir tudo isso por um mundo completamente novo, pode nos levar a perder aquilo de que gostamos e que dá significado à nossa vida.

Para os conservadores, portanto, uma sociedade não é fruto do interesse, por mais que nela existam interesses individuais e de grupos. Tampouco é fruto da decisão de um grupo de indivíduos. Tomando emprestada uma noção de Edmund Burke, a sociedade é um contrato entre os mortos, os vivos e os que virão.* Ou seja, vem de um passado imemorial e caminha para um futuro que pertence às gerações seguintes.

Se a sociedade é isso, devemos ter muito cuidado para modificá-la: não podemos romper com a obrigação que temos com os que vieram antes de nós e com os que virão depois, por mais

---

* "A sociedade é, certamente, um contrato. Contratos de natureza inferior que recaem sobre objetos de mero interesse ocasional podem ser desfeitos à vontade; mas o Estado não deveria ser considerado em pé de igualdade com um acordo de parceria em um comércio da pimenta, do café, do algodão, do tabaco ou em qualquer outro negócio inferior dessa espécie, uma sociedade instituída para a satisfação de um interesse temporário e dissolvida de acordo com o desejo das partes? Certamente que não. Deve ser encarado com outra reverência, porque não se trata de uma parceria em coisas inferiores apenas para satisfação da grosseira existência animal de uma natureza efêmera e perecível. O Estado é uma associação que participa de todas as ciências, todas as artes, todas as virtudes e todas as perfeições. Como os fins dessa associação não podem ser obtidos em muitas gerações, torna-se uma parceria não só entre os vivos, mas também entre os mortos e os que hão de nascer". Edmund Burke, op. cit., p. 121.

que meu interesse imediato grite mais alto. Por isso, ao longo de toda a sua história, o conservadorismo lutou contra a ideia de que a sociedade é o palco confuso em que os indivíduos ou classes concorrem e tentam viver melhor. Ela é, na verdade, a resultante do acúmulo de experiências coletivas e comunitárias — e o compromisso de cada um com a comunidade, os indivíduos comprometidos com regras de convivência que organizam a sociabilidade e a solidariedade social.

## UMA NATUREZA HUMANA E O SENTIDO DE COMUNIDADE

O conservadorismo, ao menos na maioria de suas vertentes, se ancora num pilar fundamental: a noção de que a humanidade tem uma *natureza*. Isso quer dizer que os seres humanos têm características que lhes são inerentes, fazem parte deles, não são adquiridas com o tempo, com a educação, a partir da cultura, nem são uma escolha racional. Esses traços estão num lugar em que não podemos tocar, mexer ou modificar.* Para ficar mais claro, vejamos qual seria a natureza dos humanos e em seguida voltamos a tratar da natureza de forma mais abstrata.

Os conservadores acreditam, por exemplo, que os seres humanos são movidos por uma necessidade de pertencimento social. A vontade de viver em comunidades seria uma característica imutável. E essa vontade não é somente um desejo ou uma pulsão que não somos capazes de anular ou controlar, mas uma necessidade. Mais ou menos como vontade de comer e também necessidade de comer para não morrer de fome. Vontade de sexo, assim como uma necessidade de sexo, para que a espécie se perpetue.

Segundo Scruton — o autor que mencionou a "pré-história"

---

* João Pereira Coutinho, op. cit., p. 52.

do conservadorismo —, esse sentimento de comunidade, ou seja, a vontade de viver em grupo, aparece de várias formas ao longo da história. Em certo momento, a sociabilidade é tribal, baseada em laços de parentesco que variam conforme a comunidade. Determinada sociedade, por exemplo, pode reconhecer um tio-avô como parente, e outra, não. Há sociedades em que o parentesco se dá de forma relativamente independente dos laços sanguíneos: um companheiro de pesca ou um parceiro comercial podem estabelecer uma relação de parentesco com alguém que não seja da família. Na nossa civilização, o compadrio é um mecanismo desse tipo. Quando você convida um amigo para ser padrinho da sua filha, ele se torna seu parente, mesmo não tendo laços sanguíneos. O parentesco varia de lugar para lugar. O fundamental nesse momento é perceber que esse primeiro tipo de sociabilidade se dá pelo parentesco.*

Também existe a comunidade religiosa; nela, o que une as pessoas não é o parentesco, mas um sistema comum de crenças, a participação em rituais específicos e uma fé compartilhada. Há ainda a comunidade política, cujas relações são determinadas pelas leis, que são, na maioria dos casos, criadas por representantes dos cidadãos.

Uma vez que o conservadorismo costuma ter uma percepção positiva do passado e uma relação igualmente positiva com a tradição, poderíamos pensar que sua origem é muito antiga. Mas não: esse pensamento ganhou corpo justo no auge da formação da comunidade política, que, por meio da lei, se propôs a mudar as coisas e a tomar medidas que, na visão dos conservadores, buscam alterar essa natureza humana, entre outros defeitos. Ou até, em alguns casos, negar que ela exista.

Outra característica essencial da vida humana e que faz parte

---

* Roger Scruton, op. cit., p. 9.

de sua natureza é a necessidade de se ligar a outros indivíduos. Não falo da vontade de pertencer a um grupo, mas da relação de um indivíduo com outro. Exercemos essa natureza "transindividual" logo ao nascer, porque nos conectamos de forma poderosa a outra pessoa: nossa mãe.

Os conservadores defendem, portanto, que essa natureza humana não nos torna indivíduos separados, que existem para buscar o jeito mais eficiente de realizar suas vontades, e sim seres que, desde sempre, vivem em comunidade. Mais do que isso, assumem deveres e obrigações para com esse grupo mais amplo. Negar ou tentar alterar o que é natural para nós seria desorganizar o cubo mágico.

Nesse momento, porém, vamos nos concentrar nos conservadores: eles acreditam na existência de uma natureza humana — a humanidade apresenta características típicas em todos os lugares em que esteja —, que inclui a necessidade de uma vida comunitária, primeiro com a família e depois mais extensa. Ou seja, uma pessoa não é um ser isolado que existe à parte do corpo social. Sua vida é influenciada pelo meio e pela comunidade em que vive e pelas circunstâncias que a cercam.

Na prática, isso quer dizer que um indivíduo — por mais que tenha uma natureza universal como todos os outros seres humanos — é dotado de características que ele compartilha com a comunidade da qual faz parte em um momento histórico específico. Para o conservador, tudo precisa ser considerado no contexto, de tal modo que as questões fundamentais, apesar de terem uma relação positiva com a tradição, são sempre as do presente. A Revolução Francesa, por exemplo, tentou combinar liberdade e igualdade, e reconheceu esses princípios como universais, a serem buscados em todos os lugares, tempos e circunstâncias. Um conservador não aprovaria, porque é necessário avaliar a situação concreta — o que está em jogo, quais as tradições daquele lugar

— e precaver-se contra a possibilidade de que a busca por aquele princípio geral desorganize a vida social.

O conservadorismo é prudente, adota uma postura que é, ou deveria ser, a análise da situação concreta e do contexto daquela comunidade. O objetivo não é pôr em xeque equilíbrios criados por séculos de sociabilidade e que podem ruir em questão de minutos por causa da ação destemperada, ideológica, aventureira e arrogante de gente que se dá o direito de moldar o mundo a seu bel-prazer. Segundo Michael Oakeshott (1901-90), "ser conservador, então, é preferir o familiar ao desconhecido, o testado ao nunca testado, o fato ao mistério, o atual ao possível, o limitado ao ilimitado, o próximo ao distante, o suficiente ao abundante, o conveniente ao perfeito, o riso presente à felicidade utópica".[*]

## CONSERVADORISMO E RAZÃO

O conservadorismo surgiu no século do Iluminismo, tempo do predomínio da razão, e tem uma relação complexa com o racionalismo. É claro que o tema é muito abrangente, mas por ora tomemos o século XVIII como referência. A razão, então, poderia ter dois sentidos complementares.

O primeiro é a ideia de que o mundo tem um funcionamento lógico, ou seja, todas as coisas acontecem de modo coerente e harmônico. O melhor exemplo disso são as descobertas de Isaac Newton (1643-1727), que desvendou um funcionamento do universo que pode ser traduzido por meio da matemática. Os astros se movem de determinado modo, com harmonia e regularidade, como o movimento de translação da Terra ao redor do sol. Essa seria a primeira dimensão do conceito de razão: o mundo é ra-

[*] Apud João Pereira Coutinho, op. cit., p. 22.

cional, regular. Já o segundo seria a capacidade do ser humano de usar a inteligência para descobrir as leis desse funcionamento e agir de acordo com elas. Agir transformando a realidade, buscando o que no mundo objetivo se contrapõe à razão e reformando ou revolucionando esse aspecto.

O conservadorismo rejeita a razão? Sim e não. Não, porque ele mesmo é um pensamento racional. Seu preceito é ter descoberto formas da dinâmica social, e isso só foi possível por meio de uma análise racional da história. Afinal, partindo da premissa de que as tentativas de alterar a natureza do mundo e da humanidade resultam em caos, anarquia, barbárie e massacre, os conservadores afirmam ter identificado uma regularidade, ou seja, um ciclo que se repete. Mas ao mesmo tempo o conservadorismo nega ilusões racionalistas: a ideia de que a razão pode levar os homens a dominar seu destino e o destino do mundo.* Por isso, quando essa corrente luta contra outras teorias — liberalismo, socialismo, comunismo —, acontece uma briga de razão versus razão, ou seja, entre conclusões racionais sobre como o mundo é e deve ser.

CONTRATO, NÃO. HISTÓRIA SIM

No século XVII, surgiram as chamadas teorias contratualistas. Ou seja, teses que afirmavam que a organização da vida social nas civilizações ocidentais era fruto da vontade humana expressa em contratos estabelecidos socialmente. O expoente mais conhecido dessa teoria política é Thomas Hobbes, para quem existiu uma época anterior à civilização, um "estado de natureza", um tempo em que as pessoas não tinham constrangimentos para realizar suas paixões — afinal, todos eram livres e iguais, e nada era

* Ibid.

de ninguém. Antes da lei, todos tinham direito a tudo, a todas as coisas, podiam se comportar como bem entendessem.

O problema, segundo Hobbes, é que a humanidade desejava as mesmas coisas, que eram finitas e escassas. A realização plena da vontade de cada um era sinônimo de caos e violência, já que o conflito entre os indivíduos era inevitável. Ou seja, as pessoas podiam saciar suas vontades e correr atrás de suas ambições, mas o resultado era uma sociedade caótica na qual a vida era feia, breve e violenta. Diante desse cenário, ele argumenta, o ser humano, oprimido pelo medo, entrega conscientemente a um soberano o direito de fazer leis e, assim, restringir as liberdades dos outros.* Com a possibilidade de vetar comportamentos por meio das leis, o Estado — representado pelos soberanos — consegue moldar a vida civil. Nessa concepção, o mundo que conhecemos é fruto da decisão humana — a escolha de abdicar da liberdade para constituir um soberano que, com as leis, tira a liberdade de todos em prol do bom convívio.

O conservadorismo nega o contratualismo ao defender que as feições da vida da sociedade não são frutos da escolha humana, mas um processo lento de evolução pacífica, de experiências acumuladas ao longo de gerações. Seguindo esse raciocínio, submeter a vida social ao crivo da razão é insuficiente e até enganoso, assim como acreditar que os humanos conseguem alterar esse equilíbrio secular. Scruton é bastante didático:

> De todas essas maneiras, o conservadorismo moderno surgiu como defesa do indivíduo contra potenciais opressores e como endosso

---

* Thomas Hobbes, *Leviatã ou matéria, forma e poder de uma república eclesiástica e civil*. Trad. de João Paulo Monteiro e Maria Beatriz Nizza da Silva. São Paulo: Martins Fontes, 2003, pp. 106-37; Quentin Skinner, *Hobbes e a liberdade republicana*. São Paulo: Editora Unesp, 2010.

da soberania popular. Contudo, ele se opunha à visão de que a ordem política está fundada em um contrato, assim como à sugestão paralela de que o indivíduo goza de liberdade, soberania e direitos em um estado natural e pode se livrar do fardo do pertencimento social e político e recomeçar em uma condição de liberdade absoluta. Para o conservador, os seres humanos chegam ao mundo com várias obrigações e sujeitos a instituições e tradições que contêm em si uma preciosa herança de sabedoria, sem a qual o exercício da liberdade tem tanto a probabilidade de destruir os benefícios e direitos humanos quanto de melhorá-los.*

Então, em vez de achar que o mundo como conhecemos é fruto de um contrato consciente entre os homens, feito num passado distante, a maioria dos conservadores considera que o que vemos é resultado da história. Sabe quem também acredita nisso, ainda que de um modo diferente? Os marxistas. Veremos em breve.

* Roger Scruton, op. cit., p. 20.

# Distributistas e reacionários

## NEM TUDO É ASSIM

Até agora, vimos o conservadorismo atuando de maneira reativa, desprovido de um programa para a sociedade. Ele entra em ação quando alguma ideologia põe em risco conquistas fundamentais da humanidade, obtidas lentamente e a duras penas. Ele reage. A maior parte dos conservadores diria que é isso mesmo. Mas há quem discorde.

Assim como acontece com outras ideologias, há diferentes visões agrupadas sob um mesmo guarda-chuva. Existem vários conservadorismos, e alguns esboçam ideias de como o mundo deveria ser. Como o distributismo, cujas teorias surgiram no início do século XX.

É comum ler que o primeiro grande livro sobre o assunto foi *O Estado servil*, de Hilaire Belloc (1870-1953), publicado em 1912.*

---

* Hilaire Belloc, *O Estado servil*. Trad. de Fausto Machado Tiemann. Curitiba: Danúbio, 2017.

A ideia geral, porém, já teria aparecido em 1891, em *Rerum novarum*, encíclica do papa Leão XIII (1810-1903).* Datas à parte, em linhas gerais, os distributistas defendiam que a propriedade privada é tão importante que deveria haver iniciativas, inclusive estatais, que garantissem uma a todas as pessoas.

Ah, então os distributistas são socialistas! Não. Eles rejeitam o socialismo, que advoga que o verdadeiro proprietário de tudo é o Estado, o qual, por sua vez, acaba por dirigir por completo a vida da sociedade e se transforma num monstro gigante, que sequestra a liberdade de todos. Em outras palavras, os distributistas afirmam que, já que no socialismo não há propriedade privada, ninguém é livre porque todos dependem do Estado e estão submetidos a ele.

"Ah, entendi, os distributistas seriam defensores do capitalismo!" Não, porque no capitalismo é fundamental que haja uma massa de gente sem propriedade, obrigada a trabalhar para o engrandecimento da propriedade alheia. Os distributistas acreditam que o capitalismo também é inimigo da propriedade individual. Haveria no capitalismo a *grande propriedade*, que cresceu ao longo da história desalojando pequenos proprietários e os obrigando a trabalhar.

Distribuir a propriedade, garantir a todos os cidadãos uma pequena propriedade seria um caminho para fugir das violências tanto do capitalismo quanto do socialismo. Os distributistas podem ser vistos como conservadores porque esse mundo de pequenos proprietários é comunitário, não individualista. É, na verdade, um mundo semelhante àquele que existia antes que o capitalismo e o socialismo expropriassem as pessoas para erigir

---

* Papa Leão XIII, *Carta Encíclica Rerum Novarum*. Disponível em: <www.vatican.va/content/leo-xiii/pt/encyclicals/documents/hf_l-xiii_enc_15051891_rerum-novarum.html>. Acesso em: 29 set. 2022.

estruturas monstruosas, as grandes empresas ou o grande Estado que tudo pode.

Os pequenos proprietários — os distributistas iriam pensar na pequena propriedade rural — levavam uma vida tranquila, sem grandes ambições individuais. A velha solidariedade típica do mundo pré-moderno e a vocação humana da cooperação poderiam se realizar de forma plena. Desse modo, a distribuição da pequena propriedade — e a garantia de que as pessoas pudessem integrar uma civilização de pequenos proprietários — seria a única forma realista de proporcionar uma liberdade verdadeira, sempre de acordo com uma vida simples, ligada à natureza.

Tendo em vista esse cenário, é fundamental perceber como cada ideologia esbarra nas demais, não existe uma fronteira que as separe. Os distributistas, por exemplo, criticam duramente o socialismo, mas a crítica que fazem ao sistema capitalista também tem muito em comum com aquela que o socialismo faz ao capitalismo. Aliás, vale dizer que essa corrente não é um pensamento exótico ou secundário, pelo contrário, é uma visão de mundo muito influente e que congregou alguns dos autores mais respeitados do campo conservador, como G. K. Chesterton (1874-1936).

Será que a oposição do distributismo a algumas das ideias principais do conservadorismo mais tradicional deve ser vista como uma contradição, no sentido negativo do termo? Não necessariamente. A meu ver, é uma riqueza do pensamento conservador, do mesmo modo que são positivas as nuances do liberalismo. Vamos encarar a questão na mesma chave quando estivermos discutindo o socialismo, povoado de correntes e subcorrentes — talvez até mais do que as outras duas ideologias. Quanto mais ideias e modos de pensar o mundo, melhor.

## AFINAL, O QUE É UM REACIONÁRIO?

Antes de fechar este capítulo, quero examinar como a maior parte dos conservadores entendem o que seja "reacionário". Conservador e reacionário seriam sinônimos, já que o conservadorismo sempre se apresenta como uma reação às mudanças, certo? Bem, não é exatamente assim, pelo menos para boa parte dos conservadores.

Em linhas bem gerais, utopia é o desejo de construir um lugar que não existe — daqui a pouco vou falar mais sobre isso. E tem a ver com lugar mesmo, no sentido geográfico: na palavra utopia há o termo grego *topos*, que significa lugar. Como em topográfico ou topografia… Utopia, portanto, não é uma coisa que nunca vai existir, é simplesmente um lugar que não existe. Uma visão de mundo utópica tem como ponto de chegada a construção de algo que não existe na realidade, mas que, a partir da vontade humana, pode vir a existir. Esse lugar utópico parece um sonho dourado, um paraíso, terra repleta de igualdade e abundância, sem sofrimento. Essa é uma crítica direta ao socialismo, claro, mas também um ataque ao liberalismo, cujas vertentes, em sua maioria, acreditam que a vontade individual de viver cada vez melhor acarretará, em algum tempo, uma situação de prosperidade generalizada.

Retomando algumas das principais ideias liberais: a natureza egoísta dos indivíduos produziria uma riqueza que, de um modo ou de outro, circularia e se ampliaria socialmente. Isso só seria possível se o credo liberal fosse seguido, ou seja, se os indivíduos pudessem viver livremente, se tivessem total liberdade para empreender, se o Estado não interferisse e se os antigos modos de viver fossem eliminados, porque são obstáculos aos interesses do mercado.

Na visão dos conservadores, todo esse projeto de futuro não existe — é utópico, outra ilusão. Essas utopias — a socialista e a liberal — teriam em comum o ponto de partida de uma ideia otimista demais sobre as possibilidades da humanidade, porque creem que o ser humano é capaz de imaginar um mundo ideal — conduzir a coletividade nessa direção. Mas esse grupo não acredita que sejamos capazes de fazer isso, afinal somos imperfeitos, limitados e cheios de vícios, e a realidade que pretendemos transformar é muito mais complexa do que a que conseguimos enxergar. Um aspecto do real que a princípio nos parece irracional — fruto da ignorância do passado — é um pilar que sustenta o edifício da vida social. Mexer nele para pôr de pé as reformas que um utopista, no auge de sua autoestima, inventou, pode fazer com que tudo desmorone.

Então utopia é só para socialistas e liberais? Na verdade, não. Muitos conservadores argumentam que algumas pessoas que se declaram conservadoras são tão utópicas quanto os outros dois grupos. Essas pessoas afirmam que o passado da humanidade foi um tempo bom — as pessoas eram mais humanas, a vida comunitária tinha importância, a família e seus valores eram respeitados... E o que elas propõem? Sim, voltar a esse passado! Reverter as mudanças que foram feitas e reconstituir um tempo supostamente sem defeitos ou cujos problemas são muito menores do que os de hoje. Assim como os distributistas, esse grupo tem um projeto, não é mais só reação.

Boa parte dos conservadores considera essa ideia tão utópica quanto a dos socialistas ou liberais, porque, assim como é impossível construir, no futuro, um paraíso na terra, é impossível recuperar um momento supostamente idílico no passado. Seguindo essa lógica, o problema da utopia teria invadido o pensamento conservador, com a diferença de que, em vez de estar no futuro, o falso paraíso estaria no passado.

A história não caminha para trás, de modo que tentar voltar, por exemplo, ao período medieval, à Antiguidade clássica ou à França de Luís XIV (1638-1715) pode ser tão destrutivo quanto querer ir em direção ao socialismo de Marx. Seria o mesmo que destruir relações existentes e derrubar pilares que sustentam a vida cotidiana no presente.

Esses conservadores críticos chamarão esses adversários "utópicos" de... Bingo! Reacionários. É por isso que existe tanta gente por aí que diz: "Sou conservador, mas não sou reacionário". Percebe a diferença? Ao mesmo tempo, haverá uma multidão pronta para atacar aqueles que se dizem conservadores, rotulando-os de reacionários. E, claro, tem muito reacionário querendo se passar por conservador... Esses, a gente conhece bem.

Nós temos falado aqui sobre reação — um tema que todo conservador considera importante. Mas reação entendida como uma ação política contra mudanças que estão ameaçando o *presente*, não a defesa de uma retomada do passado. São muitas nuances, eu sei, mas a vida real é assim: complexa. Por isso temos que nos debruçar um pouquinho mais sobre os assuntos e evitar apenas reproduzir termos sem saber necessariamente o que significam — e em qual contexto.

# Autores

Já vimos um panorama de autores liberais, agora é a vez dos conservadores. E vale o lembrete, ainda mais no debate público atual: não é só porque a pessoa se diz adepta de tal corrente que, na prática, ela siga essa linha. Daí a importância de conhecer mais profundamente as ideias de quem pensou as ideologias, para não cairmos em qualquer história que circula por aí.

## VISCONDE DE CHATEAUBRIAND

Visconde de Chateaubriand, nobre francês que viveu o processo revolucionário de 1789, perdeu parte de seus bens durante a revolução, foi exilado e se tornou um dos defensores da contrarrevolução. Ainda que tenha assumido funções diplomáticas em alguns momentos do regime napoleônico, foi perseguido e se afastou quando Napoleão buscou retirar poderes do que havia sobrado da velha aristocracia.

Na primeira metade do século XIX, Chateaubriand participou ativamente da cena intelectual e literária tanto na Europa como nos Estados Unidos. Escritor muito admirado por Machado de Assis (1839-1908), seus romances inspiraram José de Alencar (1829-77), o mais importante escritor brasileiro do romantismo.

Assim como Edmund Burke, o visconde foi um intérprete da Revolução Francesa e defendeu a instauração de uma monarquia constitucional que pudesse manter os poderes do rei. Embora tenha sempre se posicionado contra o processo revolucionário, só se tornou um opositor ferrenho depois de 1792, quando a república francesa foi proclamada.

Chateaubriand é um dos responsáveis pela criação do que podemos chamar de estética do conservadorismo. Em sua produção literária, valorizava profundamente as velhas tradições, os antigos modos de vida das classes altas e do povo. Em meio às incertezas trazidas por uma época de grandes mudanças — revoluções, golpes, crescimento econômico desenfreado, esfacelamento de antigos costumes —, sua visão acabou dando certo charme ao argumento conservador, ao associar a ele uma dimensão estética sofisticada.

E num momento em que ser cristão estava associado ao atraso — juízo iniciado no século anterior, promovido pelos ataques dos iluministas —, Chateaubriand deu uma cara nova à crença em *O gênio do cristianismo*.* Nesse livro, publicado em 1802, ser cristão — em especial ser católico — era fazer parte de uma espécie de comunidade de almas e sentimentos, verdadeiro oásis de calma e pertencimento em meio ao turbilhão de mudanças. Uma vez que a Revolução Francesa havia escolhido um caminho profundamente anticlerical, defender o catolicismo era sustentar

---

* François-René de Chateaubriand, *O gênio do cristianismo*. Trad. de Camilo Castelo Branco. Curitiba: Danúbio, 2020.

um retorno à ordem. Não ao autoritarismo, mas às formas mais cotidianas de vida que a revolução destruíra.

## JOSEPH DE MAISTRE

O francês Joseph de Maistre (1753-1821) é o melhor exemplo do pensamento reacionário — aquele que quer voltar a um passado perdido, supostamente um período melhor do que o presente. E, assim como Burke, ele também fez um balanço minucioso da Revolução Francesa.

Na visão de Maistre, que era conde, os males do mundo haviam se iniciado, é claro, no pecado original de Adão e Eva. No entanto, ele acreditava que o protestantismo, as ideias e as atitudes de Lutero (1483-1546) contra a Igreja católica haviam sido uma manifestação aguda do mal, porque minaram a autoridade da instituição e do papa. A Revolução Francesa teria sido o ápice das consequências desse ato primordial. Era sobretudo um imenso pecado, porque investira de forma inédita contra a Providência, ou seja, contra a vontade de Deus.

Qual era a grande ilusão da revolução? A ideia de que os seres humanos eram perfeitos. Na verdade, o mundo era um vale de lágrimas, um lugar de sofrimento. Aceitar essa premissa era a única atitude racional e cristã possível, e tentar superar essa situação com uma sociedade organizada pelo homem era uma manifestação de pecado.

O pensamento de Maistre ainda apresenta outra camada. Embora, em essência, a revolução fosse um ato pecaminoso, ela também era fruto das ações humanas: um imenso castigo que recaía sobre os franceses em função de sua revolta contra Deus. Ainda que à primeira vista pareça simplesmente teológico, esse discurso estava imbuído de uma crítica política e filosófica, apoiada numa visão pessimista da natureza humana. A maldade seria intrínseca ao ser humano, e qualquer organização social desenhada ou pensada pelo ser humano seria a manifestação dessa imperfeição e desses defeitos.

Esse pensamento ainda tem muita influência. Ouvimos o tempo todo que uma pessoa, quando chega ao poder, acaba se revelando e deixando que sua natureza se manifeste — no poder todos são iguais, dizem. Maistre obviamente não é o criador dessa noção, mas a reelabora e a apresenta de outro modo. A vida humana é um vale de lágrimas, consequência da imperfeição humana. O caminho é perceber que este mundo não tem solução e que o único caminho é o da humildade e da obediência absoluta a Deus, a qual, em nosso mundo, era expressa pela submissão absoluta ao papa.*

## GILBERT KEITH CHESTERTON

Gilbert Keith Chesterton, mais conhecido como G. K. Chesterton, talvez seja o mais célebre defensor do distributismo, com uma obra que rejeita tanto o socialismo quanto o capitalismo. Nascido na Inglaterra, foi um homem de muitos talentos, tendo escrito ensaios, romances, contos, peças de teatro, biografias. É interessante pesquisar sua longa polêmica com o dramaturgo socialista George Bernard Shaw (1856-1950) — dura, cheia de ironia e piadas engraçadas. Mas foi um embate respeitoso, tanto que os dois se consideravam amigos.

Embora muitos conservadores, ao enfatizar a manutenção do mundo existente e rejeitar mudanças bruscas, defendessem

---

* Teresa Serra, *La critica alla democrazia in Joseph de Maistre e Louis de Bonald.* Roma: Aracne, 2005.

o capitalismo como o sistema possível, esse não era o caso de Chesterton, que o julgava violento e conivente com uma existência egoísta, individualista e afastada de Deus. Apesar de ser tido como conservador, criticava boa parte de seus representantes por serem mais refratários às mudanças do que deveriam.

Chesterton defendia uma vida simples, com as pessoas dedicadas a atividades comunitárias locais. Sua profunda ligação com o catolicismo o aproximava das dinâmicas típicas das comunidades católicas, com um convívio paroquial. Os poderes deveriam ser exercidos de forma local, baseando-se nas velhas e saudáveis hierarquias construídas historicamente e que estavam assentadas na tradição. Todo poder centralizador e distante tendia a ser despótico, porque era estranho às relações estabelecidas historicamente.*

## ROGER SCRUTON

Com uma obra vasta, que visitou filosofia, arte, música, sexualidade e, claro, política, Roger Scruton foi um dos pensadores mais importantes para o conservadorismo do século xx e permaneceu em atividade até sua morte. Aliás, quem esteve comigo lá na primeira edição do meu clube do livro deve lembrar que discutimos uma de suas obras, chamada *Conservadorismo: Um convite à grande tradição*, publicada pela Record em 2017.

Scruton conseguiu unir duas facetas que dificilmente andam juntas. De um lado, era um teórico de alto nível, conhecedor de Kant (1724-1804) e Espinosa (1632-77), sempre a esmiuçar temas sofisticados da estética, da teologia, das artes em geral, o que lhe valeu a atenção mesmo de figuras que desprezavam

---

* G. K. Chesterton, *Autobiografia*. São Paulo: Ecclesiae, 2012.

suas ideias políticas. De outro, era um agitador, um polemista de plantão que topava ir pros enfrentamentos mais duros e cotidianos que a conjuntura impunha. Ou seja, ele era ao mesmo tempo um filósofo conservador e um político, alguém preocupado em intervir permanentemente no debate público.

Você talvez estranhe que eu me refira a ele como político, mas acho interessante a gente pensar que ser candidato a um cargo eletivo, ter um posto no Executivo e todas essas coisas não são as únicas formas de viver a política. Durante quase meio século, Scruton se empenhou em escrever livros defendendo e atacando ideias políticas, em participar de debates, palestras, programas de rádio e de TV, em polemizar nos jornais com seus adversários sobre a conjuntura política, social, cultural e econômica. Se isso não é fazer política...

Uma das marcas mais importantes de seu pensamento foi sua crítica às alianças entre liberais e conservadores, especialmente quando elas significavam o abandono de ideias fundamentais para o conservadorismo. Para ele, a adesão total aos ditames do mercado, a crença em um individualismo exagerado e a recusa à ideia de que a sociedade e a vida em comunidade são centrais punham o conservadorismo em crise. Uma crise provocada por essa diluição das fronteiras com os liberais.

Essa posição levou Scruton a ser, em muitos momentos, um crítico duro do governo da primeira-ministra conservadora Margaret Thatcher (1925-2013). Como a gente sabe, ela foi um símbolo da volta do liberalismo econômico ao poder na década de 1980 e encarnou uma série de reformas que enfraqueceram o Estado de bem-estar social construído nas décadas de 1950 e 1960. Thatcher, líder do Partido Conservador, foi um exemplo mundial de liberalismo econômico radical.

Como não gostava da intervenção do Estado na economia, Scruton apoiou o sentido geral das reformas feitas por Thatcher, com a ressalva de que teriam aderido ao discurso do individualismo, da recusa do sentimento comunitário, da crença em um progresso humano que viria da liberdade de mercado. Isso está longe de ser um pensamento conservador, não acha? Afirmações como "não existe sociedade, o que existem são indivíduos", talvez a frase mais conhecida da primeira-ministra, não poderiam ser toleradas por um conservador de raiz, digamos assim. Isso não o impediu de reconhecer que o governo Thatcher havia desempenhado muito bem ao enfrentar trabalhistas e socialistas, e que tinha sido decisivo para recuperar o orgulho nacional. Apesar das divergências ela teria sido, para ele, a mulher mais importante da política inglesa desde Elizabeth I (1533-1603).

Outra marca importante de seu pensamento é o nacionalismo. Instrumentos como a União Europeia retiravam da Inglaterra sua liberdade e soberania, e tentavam impor sistemas que não eram os dela, não faziam parte da longa trajetória de construção de liberdade daquele povo. Bem, não preciso dizer que ele ficou feliz com o Brexit — a saída da Inglaterra da União Europeia, que aconteceu após um plebiscito realizado em 2016.*

---

\* Sobre Scruton, ver "'Em uma sociedade totalitária, tudo fica sem rosto', diz Roger Scruton". Fronteiras do Pensamento, ago. 2019. Disponível em: <www.fronteiras.com/leia/exibir/em-uma-sociedade-totalitaria-tudo-fica-sem-rosto-diz-roger-scruton>. Acesso em: 29 set. 2022.

PARTE III

SOCIALISMO

# Introdução

Antes de começar a terceira e última parte deste livro, uma sugestão: enquanto você estiver lendo, que tal procurar fazer conexões com os capítulos anteriores? Por exemplo, ao deparar com uma explicação ou um conceito, pensar "Isso é o contrário do que defendiam os liberais" ou "Isso é parecido com o que defendiam os conservadores", e por aí vai.

Os capítulos estão conectados porque em muitos casos as três ideologias tentam responder às mesmas perguntas. Como organizar melhor a vida em sociedade? Como deve ser exercido o poder? Como lidar com a questão da igualdade? O que é liberdade? Como resolver a pobreza? E muitas outras. As respostas são diferentes, mas os questionamentos não raro são idênticos.

Reforço mais uma vez que, embora haja muita contradição entre esses pensamentos, há uma série de pontos em comum. As ideologias são vizinhas. E, como em toda vizinhança, há fronteiras entre os vizinhos. A fronteira separa e divide, mas também é o lugar em que as coisas diferentes se comunicam e se misturam. Ter isso em mente é fundamental para um ambiente de diálogo construtivo, e não essa gritaria que estamos vivendo, com todo mundo xingando, acusando e ninguém ouvindo ninguém. E acredito que possamos voltar ao tempo de debates com mais conceitos e argumentos do que adjetivos e hipérboles...

Por fim, assim como o liberalismo e o conservadorismo, há muitos socialismos diferentes — e a pluralidade, a meu ver, é uma qualidade, não um defeito.

# As origens do socialismo

Já vimos que o liberalismo nasceu para lutar contra o Antigo Regime — o mundo dos privilégios — e tentar oferecer aos indivíduos garantias contra as violências promovidas pelo Estado. O conservadorismo tinha como objetivo combater o liberalismo e outras forças que queriam promover mudanças radicais. O socialismo, por sua vez, nasce como uma crítica ao capitalismo. Embora todo mundo tenha uma ideia do que seja o capitalismo, vamos tentar entendê-lo um pouco melhor.

De antemão, ressalto que não é simples explicar o que é esse sistema econômico, ainda mais porque há muita polêmica acerca dele.* Mas, de modo geral, podemos pensá-lo como o sistema em que o trabalho assalariado passa a ser a ferramenta mais

---

\* Há um complexo debate sobre a origem do capitalismo. Em toda a polêmica, ficou famoso o embate entre os historiadores Maurice Dobb (1900-76) e Paul Sweezy (1910-2004). Para uma sistematização da polêmica, ver Eduardo Barros Mariutti, *Balanço do debate: A transição do feudalismo para o capitalismo* (São Paulo: Hucitec, 2004).

importante para viabilizar a produção. Em linguagem de economista: a relação de produção dominante. Não é assim hoje em dia? A grande maioria das pessoas que você conhece não vive de salário?* Pois é. Mas nem sempre foi assim.

No escravismo, o trabalhador era propriedade do senhor. O dono das terras, das minas, ou das máquinas — como num engenho de moer cana — também era dono das pessoas que trabalhavam.** Na maioria dessas sociedades, as pessoas escravizadas podiam ser compradas, vendidas, hipotecadas, alugadas, como qualquer outra propriedade.

O sistema feudal era diferente. O servo não era propriedade do senhor, mas estava preso à terra e a uma série de obrigações que o impediam de sair de lá. Embora houvesse variações conforme o lugar e o período, em geral ele devia entregar parte do que produzia ao senhor feudal e não podia se deslocar de onde estava.

O escravismo, o feudalismo e o capitalismo são relações de produção — as pessoas se relacionam umas com as outras para produzir riqueza, daí o termo. No entanto, as duas primeiras se dissolvem no capitalismo. É óbvio que em muitos lugares do planeta, inclusive no Brasil, infelizmente é possível encontrar situações análogas à escravidão, assim como formas de produção semelhantes às feudais. Mas, em geral, esses sistemas foram superados.

Todo mundo — inclusive os socialistas — considera um avanço a extinção do feudalismo e do escravismo. No próprio *Manifesto do Partido Comunista*, escrito por Karl Marx e Friedrich Engels — um documento que veremos em mais detalhes logo

---

* É importante pontuar aqui que o fenômeno conhecido como "pejotização", comum nos dias de hoje, é só uma forma de dissimular relações de trabalho e disfarçar o trabalho assalariado.

** Moses I. Finley, *Escravidão antiga e ideologia moderna*. Trad. de Norberto Luiz Guarinello. Rio de Janeiro: Graal, 1991.

adiante —, há um grande elogio ao papel do capitalismo para esse avanço. Para os socialistas, porém, com ele nasceu uma nova forma de exploração, em boa parte de seus aspectos mais nociva que as anteriores.

Nos séculos XVIII e XIX, quando a emergência do capitalismo se acelera na Europa, os salários são muito baixos, as condições de trabalho são terríveis e a pobreza nas grandes cidades é gigantesca. O sistema faz com que parte das pessoas trabalhe, e parte fique desempregada, vivendo de migalhas, implorando por qualquer serviço.

Para os socialistas, o trabalhador é livre no capitalismo, ou seja, pode se deslocar à vontade e é proprietário de seu corpo, de sua força de trabalho e de sua inteligência. Ninguém pode prendê--lo à terra ou vendê-lo como mercadoria. Mas, sem o controle de qualquer meio de produção — terra ou máquinas —, quem trabalha é obrigado a vender sua força de trabalho para sobreviver. Em teoria, o trabalhador é absolutamente livre, mas na prática ele é coagido a fazer um contrato e vender sua força de trabalho em troca de um salário.

A expressão é mesmo "vender a força de trabalho", porque no capitalismo o trabalho é uma mercadoria como qualquer outra, que pode ser comprada e vendida. Sujeita, inclusive, à lei da oferta e da procura. Ou seja, quando há muita demanda por um tipo de trabalho, os salários sobem, caso contrário, eles caem.

No capitalismo surgem as fábricas, que vão produzir uma quantidade de riqueza com a qual a humanidade nunca havia sonhado. A divisão do trabalho entre vários trabalhadores, o maquinário e as técnicas de gestão do funcionamento fabril aumentarão em larga escala a quantidade de coisas produzidas, de modo a permitir que uma massa de gente passe a ter acesso a bens de consumo como jamais havia ocorrido.

Um exemplo: um alfinete feito por um artesão custava X, num processo que demandava muito tempo. Quando passa a ser produzido aos montes em uma fábrica, num ritmo muito mais rápido, o custo se dilui e o preço da unidade cai. Consequentemente, mais gente pode comprar o produto. Desse modo, a fábrica capitalista cria uma abundância inédita de bens e mercadorias, uma riqueza que também é reconhecida até mesmo por seus adversários, como se pode ler no *Manifesto do Partido Comunista*. Esse mundo da fábrica, no entanto, tinha uma face nefasta. A produção em larga escala dos milhões de alfinetes que possibilitavam um preço mais baixo implicava um custo social devastador no verdadeiro inferno que era o ambiente fabril. Por isso, embora reconheçam os avanços operados pelo capitalismo, os socialistas o enxergarão com olhos muito críticos e lutarão para instaurar outro modo de produzir, se relacionar e viver.

Alguns socialistas, a exemplo de Marx, consideravam o novo sistema um imenso avanço, mas, como dizia minha avó, uma bananeira que já tinha dado cacho: era preciso superá-lo — e o próprio sistema já havia criado condições para que isso acontecesse. Outros não pensam em superar o capitalismo, mas acreditam na possibilidade de reformar radicalmente o sistema. Há ainda aqueles que defendem a criação de formas de vida alternativas dentro do próprio capitalismo, que iriam se impor com o tempo por suas qualidades e por serem exemplos de como era possível viver em uma sociedade avançada e produtiva, mas que não fosse uma máquina de moer gente, sobretudo os mais fracos. Essas divergências darão ensejo a disputas dentro do campo da esquerda, como veremos.

# Utopia

Em sua maioria, os socialistas almejam um sistema, uma sociedade que ainda não existe. Em muitos sentidos, querem um outro mundo, imaginado. Por isso o socialismo, ou melhor, os socialismos, são projetos políticos ligados à ideia de utopia. E isso é uma grande novidade. Quer dizer que utopia é lutar por uma coisa que ainda não existe? Vamos ver dois sentidos desse conceito.

Quando pensamos em "utopia", estamos acostumados a determinado uso do termo: algo impossível de acontecer. Não é assim? Imagine um diálogo em que uma pessoa diz: "Acho que o mundo deveria ser de tal jeito", enquanto outra responde: "Olha, seria ótimo, mas isso é uma utopia". Aqui, "utopia" diz respeito a algo que nunca vai acontecer. É o sentido que Marx usa: algo idealista, um sonho.*

Mas há uma segunda acepção: não é que a utopia nunca vai acontecer, ela *ainda* não aconteceu. Em geral é um mundo me-

---

* Tom Bottomore, *Dicionário do pensamento marxista*. Trad. de Waltensir Dutra. Rio de Janeiro: Zahar, 1988.

lhor do que este, um mundo desejável que não existe em lugar nenhum, ainda não faz parte da experiência humana. Mas pode ser construído. Nesse caso, o termo significa ao mesmo tempo um desejo e um plano para concretizá-lo.

### THOMAS MORE, O INVENTOR

Ao menos por escrito, o primeiro uso do termo "utopia" consta do título do romance filosófico publicado em 1516, de autoria do inglês Thomas More (1478-1535), que o escreveu em latim. Para se ter uma ideia, *Utopia* foi publicado 274 anos antes de *Reflexões sobre a Revolução na França*, de Edmund Burke. É preciso levar em conta que o escritor, que ocupou cargos públicos importantes, vivia num tempo em que não existiam fábricas, grandes concentrações urbanas ou capitalismo.

O protagonista do livro é o português Rafael Hitlodeu, que descreve o lugar de nome Utopia. Por que um português? Estamos em 1516, numa Europa impactada pelos "descobrimentos" das Américas, com os portugueses e os espanhóis na vanguarda. O contato com outras civilizações descortina, apresenta, outras formas de viver, e os europeus tentam assimilar as informações e encaixar aquele mundo imenso nos conceitos que eles já conheciam. Novas formas de viver são desveladas, mundos inteiros... percebe a relação disso com a ideia de utopia?

O livro parte de com uma crítica muito dura às condições de vida dos mais pobres — o cenário é em geral a Inglaterra.* É um período muito anterior à Revolução Industrial, um lugar pre-

---

* Thomas More, *Utopia*. Trad. de Denise Bottmann. São Paulo: Penguin-Companhia das Letras, 2018.

dominantemente rural, e o autor está preocupado com a falta de caridade, de solidariedade, de espírito comunitário.

Homem muito religioso, More entra em choque com o rei quando este rompe com o catolicismo e funda a Igreja anglicana. Ele se recusa a jurar fidelidade religiosa a Henrique VIII (1491--1547) e por isso acaba preso e condenado à morte.* Mais tarde foi canonizado pela Igreja católica. Veja só: aquele que Marx considerava o precursor do comunismo é um santo católico. A maior chatice dos "sabe-tudo" é não perceber como o pensamento não cabe em caixinhas arrumadinhas, tudo dividido entre bem e mal...

*Utopia* fala de uma sociedade igualitária, uma república na qual todos viviam realizados e felizes. Não era uma sociedade igualitária do ponto de vista legal — noção que surgiria muito mais tarde, com a Revolução Francesa —, mas havia uma igualdade material, no sentido de acesso aos bens do mundo. Era uma sociedade sem propriedade privada, tudo era de todos e todos podiam usufruir do mundo segundo suas necessidades. Uma das ideias mais interessantes do livro — e que acredito ter contribuído muito para seu entendimento — é o otimismo em relação ao ser humano. Feito à imagem e semelhança de Deus, o ser humano seria capaz de muitas coisas e teria tudo para viver uma trajetória de constante aperfeiçoamento.

É curioso comparar More a Maquiavel,** que escrevia sua obra na mesma época. Para o florentino, o ser humano era volúvel, interesseiro, dissimulado, incapaz de demonstrar coragem diante do perigo, cheio de ambição e sedento por dinheiro e glórias. Essa era a natureza humana, imutável. Já o inglês acreditava que o ser

---

* A série *The Tudors*, já indicada, ilustra as divergências entre monarquia e Igreja. More e Henrique VIII são personagens centrais da trama.
** Nicolau Maquiavel, *O príncipe*. Trad. de Maurício Santana Dias. São Paulo: Penguin-Companhia das Letras, 2010.

humano trilhava um caminho de acúmulo de conhecimento e de uso da razão que resultava em descobertas. Caso não estivesse submetido às condições que o empurravam para a maldade, como a pobreza e a miséria, poderia ser pleno em Deus durante sua vida na Terra. Em *Utopia* o autor condena o enforcamento de mendigos e ladrões, afirmando que lhes faltavam condições para sair da miséria absoluta. Essas pessoas eram iguais às outras — marcadas pelo pecado original, mas passíveis de aprimoramento — e sua má conduta tinha a ver com sua situação de penúria.

Percebe como até hoje temos muito desse pensamento? Quantas vezes já não ouvimos (ou demos!) a opinião de que a violência está ligada a condições sociais como a miséria e a fome? E que a mudança das condições sociais também representaria mudança nas pessoas?*

Para fins de comparação, é útil relembrar a noção de utopia entre os conservadores, para os quais ela é uma armadilha por dois motivos principais: porque o ser humano é limitado e não está entre suas capacidades arquitetar um mundo perfeito e fazê-lo acontecer e porque o mundo que temos não foi projeto de nenhum ser humano, mas é fruto do acúmulo histórico de experiência. O pensamento de More é o oposto: tanto a humanidade é capaz de perfectibilidade — de melhorar progressivamente —, quanto é possível imaginar uma sociedade próspera, solidária e bastante igualitária.

Por esse raciocínio, Thomas More seria um precursor do socialismo, certo? Por um lado, sim, afinal, uma leitura atenta de

---

* Um pouco de literatura: "Ensinem o mais possível aos que nada sabem; a sociedade é culpada de não instruir gratuitamente e responderá pela escuridão que provoca. Uma alma na sombra da ignorância comete um pecado? A culpa não é de quem o faz, mas de quem provocou a sombra". Victor Hugo, *Os miseráveis*. Trad. de Frederico Ozanam Pessoa de Barros. São Paulo: Penguin-Companhia das Letras, 2017, t. 1, p. 51.

*Utopia* nos mostra que o que mais incomoda o autor é a desigualdade e a pobreza. Essa é uma marca do pensamento socialista, para o qual não há verdadeira liberdade sem igualdade material, ou seja, igualdade quanto ao acesso aos bens materiais. Além disso, More afirma que o homem pode se aperfeiçoar e apresenta uma sociedade que está próxima disso, ideias que dialogam com socialismo.

Por outro lado, também é possível pensar que não. O socialismo é uma teoria que se propõe a substituir o capitalismo, e no começo do século xv ainda não podemos falar em capitalismo pra valer, de modo que More não está se revoltando contra essa pobreza específica, fruto do mundo da fábrica, do assalariamento, da formação das grandes cidades e da violência das máquinas. À diferença dos socialistas e conservadores, ele não está chocado com crianças trabalhando em fábricas, com famílias inteiras cumprindo jornadas extenuantes em minas de carvão.

O socialismo propriamente dito nasce como uma rejeição a todo esse mundo de exploração e como a busca por uma sociedade possível. More, por sua vez, se posiciona contra uma pobreza que é mais típica do mundo medieval — embora ele mesmo já esteja num tempo que os historiadores costumam chamar de Idade Moderna.

A sociedade boa imaginada por More tem seu valor na solidariedade, na caridade e na possibilidade de o ser humano se livrar dos vícios e ser bom. Não há um projeto de outro sistema econômico para organizar a vida em sociedade e a produção de riquezas.

# A Revolução Francesa e a igualdade

Um momento fundamental nessa pré-história do socialismo está — sim, sempre ela — na Revolução Francesa. Por isso gosto de ressaltar que, para compreender o mundo em que vivemos, é preciso entender 1789...

Desde o início, a Revolução Francesa levantou duas bandeiras que seriam encampadas pelo socialismo: a igualdade, um dos lemas do movimento, e o internacionalismo. A revolução nasceu querendo se espalhar, proclamando direitos que não eram exclusivos dos franceses, mas de toda a humanidade.* (Ao menos dos

---

\* Embora tanto a Revolução Gloriosa como a Americana sejam assim chamadas, foi a Revolução Francesa que correu o mundo e marcou a divisão da história num antes e depois. E o pretendido universalismo é traço fundamental para essa distinção. Hannah Arendt (1906-75) escreveu em seu *Sobre a revolução* (Trad. de Denise Bottmann. São Paulo: Companhia das Letras, 2011, p. 88): "Foi a Revolução Francesa, e não a americana, que incendiou o mundo. [...] A triste verdade é que a Revolução Francesa, que acabou em desastre, adquiriu foros de história mundial, ao passo que a Revolução Americana, que foi um sucesso tão triunfal, se manteve como um acontecimento de importância praticamente apenas local".

homens livres, não dos escravizados, e mulheres à parte, mas essa é outra história.) Lembra de Edmund Burke, na Inglaterra, preocupado com os ecos da Revolução Francesa em outros lugares? Pois é, 1789 tinha essa ambição de mudar o mundo. No caso do socialismo, dinâmica semelhante acontece com as Internacionais, organizações que buscavam lutar pelo socialismo de forma articulada, em diversos locais.

Quanto à igualdade, a Revolução Francesa, ao menos em seu início, estava pensando na igualdade formal, perante a lei — a burguesia, que liderava o Terceiro Estado, queria acabar com os privilégios de nascença da nobreza. Quem era mesmo a burguesia, que para a maioria dos socialistas é a grande inimiga a ser derrubada? Os burgueses eram as pessoas que não possuindo títulos de nobreza e tendo enriquecido antes da Revolução Francesa e da Revolução Industrial desejavam um poder político proporcional à sua riqueza. Daí a noção de igualdade propagada durante a revolução: todos deveriam ter os mesmos deveres e direitos, o que garantia poder à burguesia.

Com o tempo a burguesia conquista seu objetivo e passa a ser a classe dominante. Do ponto de vista econômico, compõe a classe proprietária na sociedade industrial e detém os meios de produção de riquezas, incluindo fábricas, terras e minas. Também controla setores estratégicos como bancos, finanças, setores de serviços e grandes meios de comunicação.

O elogio à igualdade, que os revolucionários elaboraram com extrema competência, permitiu a emergência de outras compreensões mais amplas da ideia de igualdade. Se somos todos iguais, por que a França permite que pessoas sejam escravizadas em suas colônias? Esse raciocínio, por exemplo, contribuiu para que os escravizados e descendentes de escravizados livres de São Domingos se rebelassem em 1791 e fundassem o Haiti em 1804. Foi um movimento que soube se apoiar nas ideias de liberdade para construir sua luta pela libertação contra a própria França revolucionária.

Outra pergunta: se todos são iguais, é justo que algumas pessoas sejam tão ricas e outras tão miseravelmente pobres, a ponto de passarem fome? Seria certo os camponeses viverem sem um pedaço de terra para plantar e sobreviver, enquanto nobres e alguns burgueses tinham propriedades tão imensas que nem conseguiam cultivar? Mais do que isso: se todos são iguais, por que uns devem trabalhar de sol a sol, tendo uma vida de privações, enquanto outros vivem do trabalho alheio, sem produzir nada concreto?

Começou a ser razoável questionar se a igualdade diante da lei — a grande conquista da revolução — resolvia as coisas. Agora a legislação garantia que os cargos públicos, a exploração de determinadas atividades econômicas e o acesso à educação não fossem exclusivos das famílias nobres. Na teoria, somente o mérito de cada um seria critério para conquistar essas oportunidades e esses espaços. Na prática, porém, havia mesmo uma disputa na qual os mais merecedores venciam? Como alguém pobre poderia prosperar, estudar e ocupar cargos públicos se a pobreza era um obstáculo intransponível? Nesse ponto, recomendo voltar ao capítulo sobre o liberalismo e procurar as sugestões de leitura crítica a respeito da meritocracia.

Em linhas gerais, a ideia de igualdade inicialmente defendida para favorecer a burguesia ganhou asas e saiu do controle, voltando-se contra os ricos que tanto haviam se apoiado nela para acabar com as restrições que sofriam em relação à nobreza. A igualdade começava a voar do galho da igualdade formal — direitos para todos do ponto de vista da lei — para o galho da igualdade material — que defendia o acesso de todos a comida, escola, moradia, coisas sem as quais a igualdade talvez fosse apenas tinta sobre o papel.

Essas inquietações ganhavam força com a ideia de que os seres humanos poderiam mudar as coisas, outro ponto-chave da revolução. Ou seja, os acontecimentos de 1789 demonstraram que, a partir da razão, a humanidade poderia estabelecer como iria viver, conforme sua vontade. Era possível reorganizar aspectos diferentes da sociedade para garantir que a vida fosse mais justa, a liberdade fosse assegurada, os governantes fossem eleitos, suas ações fossem, ainda que indiretamente, fruto da vontade geral.

Assim, era perfeitamente compreensível que os mais pobres — a camada da população para quem os frutos da revolução não chegavam nunca — quisessem embarcar nessas ideias e mudar as coisas para valer, e a seu favor. Ao mesmo tempo que se desejava acabar com os privilégios da nobreza, almejava-se garantir que os pobres não morressem de fome, que o trabalho fosse menos duro, que aqueles com menos condições tivessem acesso a mais possibilidades de prosperar...

## GRACCHUS BABEUF

Ideias como essas foram aparecendo na revolução, sobretudo entre os jacobinos, liderados por Robespierre (1758-94). Era a turma mais radical, que chegou ao poder em 1793. Mas foi com a Conspiração dos Iguais, encabeçada por Gracchus Babeuf (1760-97), que essas ideias ganham materialidade. É a primeira revolta em que podemos vislumbrar as características mais importantes do socialismo.

De origem pobre, Babeuf (1770-97) nasceu em Saint-Quentin, ao norte da França, e trabalhou como empregado doméstico, pedreiro, tipógrafo e tabelião. Envolveu-se com a revolução em sua região, mas nunca ocupou cargos relevantes porque suas posições eram consideradas radicais demais. Chegou a Paris em 1793 e ficou ao lado dos jacobinos, apesar de criticar a violência do período do terror, quando a guilhotina funcionava a mil. Em 27 de julho de 1794, um golpe derrubou os jacobinos e deu início ao processo de perseguições contra os revolucionários mais radicais como ele.

Nesse mesmo ano, Babeuf iniciou a publicação de seu jornal, *Le Tribun du Peuple* [A Tribuna do Povo], em que defendia os mais pobres, atacava a grande propriedade e sustentava o direito das mulheres de participar da atividade política. Em pouco tempo foi preso e, da cadeia, se aproximou de outros perseguidos políticos que defendiam uma insurreição popular.

Era a época do Diretório na Revolução Francesa (1795-99), na qual "se procurou, sem sucesso, edificar um republicanismo moderado",* e que conheceu grande crise econômica e de acirramento da miséria. Em 20 de fevereiro de 1796, quando a fome já era uma realidade crescente, o governo anunciou o fim da distribuição de pão e carne a preço tabelado. A revolta foi inevitável, inclusive entre setores não tão pobres assim, mas que sentiam que a pobreza também poderia atingi-los em breve. É nesse cenário que Babeuf e seus aliados veem a chance de uma revolta geral contra o Diretório. Eles pretendiam "completar" a Revolução Francesa, garantindo reformas econômicas que, além da igualdade formal, promovessem uma igualdade de recursos material. A França ideal, na visão deles, incluía redistribuição de terras, comida para todos e condições de trabalho reguladas pelo Estado.

A influência de Babeuf e de seu grupo só crescia. Ele compôs uma canção que falava da miséria da população, e ela logo passou a ser ouvida nas ruas de Paris, nas escolas, nos cafés. Enquanto isso, Babeuf e seus aliados defendiam, por meio de jornais e cartazes colados pela cidade, uma nova revolução, que lutava pela igualdade e a redistribuição dos bens. Um dos pan-

* Luis Roberto Barroso, op. cit., p. 51.

fletos afirmava: "A natureza deu a todos os homens o direito de gozar de uma parcela igual em todas as propriedades".* Assustado com a escalada do movimento e sua ameaça à propriedade, o poder político agiu.

Babeuf e outros líderes do movimento, como Philippe Buonarroti (1761-1837), foram presos. No processo, 64 pessoas foram acusadas de preparar uma conspiração. Diante dos juízes, Babeuf assumiu a culpa e afirmou não se arrepender, já que cumpria o que estava escrito na Declaração dos Direitos do Homem e do Cidadão — não a primeira, de 1789, mas a segunda, formulada pelos jacobinos em 1793: "Quando o governo viola os direitos do povo, a insurreição é, para o povo e para cada porção do povo, o mais sagrado dos direitos e o mais indispensável dos deveres".** Foi condenado à morte e executado.

Seu pensamento se aproxima muito do socialismo, pois considera que tudo o que um indivíduo tem além de suas necessidades seria uma espoliação — uma apropriação injusta —, e a propriedade de bens supérfluos seria a responsável por vários problemas. Era natural que a forma como a sociedade se organizava do ponto de vista econômico gerasse uma luta dos pobres, que trabalhavam e não tinham nada, contra os ricos, que tinham muito mais do que necessitavam. Era uma batalha da qual não havia escapatória. Embora tivesse dado passos muito importantes do ponto de vista político, quanto ao aspecto econômico a Revolução Francesa não mudou substancialmente a vida dos mais pobres, especialmente dos que viviam nas cidades.

---

* R. B. Rose, *Gracchus Babeuf: The First Revolutionary Communist*. Redwood City (CA): Stanford University Press, 1978.

** Constituição de 24 jun. 1793, Declaração dos Direitos do Homem e do Cidadão, art. 35. Disponível em: <www.conseil-constitutionnel.fr/les-constitutions-dans-l-histoire/constitution-du-24-juin-1793>. Acesso em: 29 set. 2022.

Para Babeuf, o direito à propriedade entrava em conflito com o direito à felicidade, ainda mais importante que o primeiro. Portanto, o único objetivo possível seria a felicidade de todos. Enquanto apenas alguns pudessem gozar a vida, não haveria uma sociedade verdadeiramente livre e racional, tampouco paz social, porque mais cedo ou mais tarde as pessoas se organizariam para estabelecer um mundo de justiça, onde todos tivessem acesso às condições de viver de forma plena.

O pensamento de Babeuf e as circunstâncias de sua morte — no tribunal, defendendo suas ideias com coragem e recusando qualquer tipo de arrependimento que pudesse evitar a execução — se espalharam. No século XIX, na França, em especial, seu nome se tornou um símbolo de luta para os socialistas.

# Os socialistas utópicos

"Socialistas utópicos" foi o termo que Marx e Engels deram aos socialistas que vieram antes deles. O adjetivo não é elogioso, mas crítico, no sentido de "irrealizável" — lembra que Marx pensava a utopia como algo que não tinha condições de acontecer? Pois é. O termo pegou e ficou consagrado, mas nasce nesse contexto de rótulo para adversários.

A primeira característica dos pensadores dessa corrente, como Saint-Simon (1760-1825), Robert Owen (1771-1858), Charles Fourier (1772-1837) e Pierre-Joseph Proudhon (1809-65), é que todos acreditam ser possível imaginar e pôr em prática um projeto racional de reorganização da vida. Eles almejavam uma sociedade com maior igualdade e questionavam, em maior ou menor grau, a propriedade. É comum aos socialistas utópicos a ideia de que era preciso negar o mundo existente — que, na visão deles, estava cada vez mais marcado pelo egoísmo, pela busca do lucro a qualquer preço, pela degradação do trabalho, pela exploração extrema dos trabalhadores, pelas violências do Estado contra os mais fracos, pelo predomínio de uma classe de pessoas que não produzem mas se apropriam do trabalho alheio.

Como o contexto é fundamental, relembremos o mundo que os socialistas utópicos estão vendo surgir. Por um lado, está bem claro que há prosperidade: fábricas, ferrovias, uma quantidade enorme de produtos que simplesmente não existiam antes... Por outro, também está evidente uma exploração do trabalho em escala inédita.

As fábricas tinham jornadas inacreditáveis, os empregados morriam e se feriam nas máquinas, mulheres e crianças trabalhavam e recebiam ainda menos do que os homens. As cidades haviam se transformado em verdadeiros esgotos a céu aberto com a poluição das fábricas, havia gente coberta de fuligem por todos os lados, além de uma população cada vez mais numerosa que chegava às cidades e não conseguia nem mesmo esses empregos horríveis. É esse mundo que os socialistas utópicos desejam transformar.

Mas como? Os primeiros socialistas se dividem quanto a essa resposta. Alguns, como Saint-Simon, defendem que a transformação viria da indústria e do avanço técnico, que conduziriam a humanidade a um progresso e uma racionalização da vida tão intensos que permitiria superar a miséria. A vitória viria pela primazia daqueles que trabalham, que ele chamava de industriais. O papel da política era incentivar a produção de riquezas, e eram os produtores de riqueza que deveriam governar.

Charles Fourier não elabora uma ideia clara de qual seria o caminho, mas propõe a construção de comunidades, os falanstérios, em que as pessoas viveriam em harmonia, igualdade, realizando suas paixões. A qualidade de vida nesses espaços levaria a humanidade a adotar naturalmente esse novo tipo de organização social. Proudhon, por sua vez, faz uma crítica radical da concentração da propriedade e a apresenta como roubo, de modo que o caminho era lutar para enfraquecer paulatinamente o Estado, instituindo comunidades autogeridas.

Em suma, entre a maioria dos socialistas utópicos influentes existe uma rejeição da revolução, da tomada do poder pelos trabalhadores e de derrubada do governo por um gesto de força. É uma posição que difere de Babeuf, que acreditava em uma insurreição popular.

Um segundo aspecto que une a maioria desses pensadores é a crítica ao capitalismo como sistema econômico. O foco deles é a economia, não a política. Ou seja, o problema principal não está em como o poder se manifesta — se é dividido em três poderes ou se o governo é ou não representativo da vontade popular, por exemplo. O nó estaria em como se dá a produção e a apropriação da riqueza produzida, em como os trabalhadores são tratados nesse processo, em como está distribuída a propriedade...

É claro que o peso relativo de cada uma dessas questões varia, mas é nesse momento que nasce a crítica aberta e frontal ao capitalismo que está se formando. Na esteira, também vêm as crenças de que, se a Revolução Francesa mudou a política, chegou a hora de mudar a estrutura econômica — e aqui o liberalismo e o conservadorismo são vistos apenas como formas de manter a dominação econômica e os modelos então em vigor. Para eles, o liberalismo já havia sido revolucionário, mas, com sua defesa intransigente da propriedade e do mercado, se tornara apenas uma teoria cujo objetivo era manter as coisas como estavam, sustentando que as mudanças e o progresso decorriam das forças do mercado. O mesmo valia para os conservadores, que rejeitavam qualquer possibilidade de mudança, sobretudo se viesse dos trabalhadores.

Então o jogo mudou. O socialismo dirigia — ainda dirige — os holofotes para a estrutura econômica da sociedade. A questão de como organizar o poder passou a conviver com outras: como organizar a economia? Como lidar com a pobreza? Quão legítima é a propriedade? Quem produz riquezas? Com quem elas ficam e com quem deveriam ficar? A discussão sobre economia já existia, é claro, mas dentro do ideal socialista ela adquire maior centralidade e é construída pelo prisma da conquista da igualdade. Liberalismo e conservadorismo passam a ser vistos como correntes políticas que serviam ao modo de produção capitalista que, na visão dos socialistas, precisava ser superado.*

Com essa mudança, o liberalismo, até então a corrente questionadora, é empurrado para mais perto dos conservadores. Isso não quer dizer que os antigos inimigos se alinhem imediatamente, sem divergências, e sim que agora têm um adversário comum, de modo que a aliança contra ele passa a ser mais pertinente. Os socialistas verão essa dinâmica como uma unidade de classe: os proprietários brigam entre si, mas na hora H, quando chega o momento de lutar contra os trabalhadores, logo se acomodam do mesmo lado. Na visão do socialismo, ficaria claro que as divergências políticas entre liberais e conservadores são nada perto da grande convergência, daquilo que os unia: manter o mundo de um jeito que só interessava a uma minoria privilegiada.

A nova estrutura econômica almejada pelos socialistas utópicos, que variava a depender do autor, tinha como objetivo resolver sobretudo a desigualdade e a pobreza. Essa era a questão fundamental: vivemos num mundo injusto porque vivemos num mundo desigual. A questão da liberdade política sai de cena? Não, de modo algum. Mas a liberdade que se quer agora é a da denúncia da exploração econômica, das injustiças na distribuição da

---

* Afirmar que a revolução não mudou substancialmente a sorte dos mais pobres não quer dizer que ela se resumiu a promover alterações na esfera política. Ao acabar com os privilégios da aristocracia em matéria econômica, ao abolir a servidão, ao colocar à venda os bens da Igreja, entre outras medidas, os revolucionários propiciaram o avanço do capitalismo na França.

riqueza e do parasitismo dos que se apropriam do trabalho alheio. A liberdade não é um fim, mas um meio. Desse modo, a ausência de liberdade, a censura, as perseguições, prisões e proibições de manifestações públicas são formas que o andar de cima encontra para manter o funcionamento de um sistema injusto. Com isso, o sistema político passa a ser visto como meio para conservar o sistema econômico e esse pensamento pode ser ampliado para abarcar não só os socialistas utópicos.

Em resumo, os socialistas utópicos são pensadores que defenderam sistemas sociais novos que negavam, total ou parcialmente, a propriedade privada. Em suas teorias — cada uma a seu modo — está sempre presente a ideia da construção de um modelo de organização da sociedade, fruto das capacidades e do pensamento humanos. Para grande parte deles, esses novos arranjos venceriam com o tempo porque sua superioridade ficaria provada na prática. Portanto, a maioria desses teóricos não é revolucionária, mas deseja promover reformas que apontem para a superação do modelo econômico existente.

Para não nos perdermos na linha do tempo: esses autores se localizam, em geral, entre Babeuf — líder da Conspiração dos Iguais, de 1796 —, e o surgimento do marxismo, em 1848, quando é publicado o *Manifesto do Partido Comunista*. Então esse grupo simplesmente desapareceu? De jeito nenhum. Na verdade, os utópicos perderam espaço porque, sobretudo depois da década de 1860, o marxismo foi ganhando força entre os socialistas. Mas eles próprios, seus sucessores e discípulos, continuaram escrevendo, defendendo suas opiniões e, em muitos casos, polemizando com os pais do marxismo.

# Marx, Engels e o comunismo

Karl Marx e Friedrich Engels são os criadores do que ficou conhecido mais tarde como marxismo. Marx não gostava dessa denominação, preferia chamar a doutrina que defendia com seu parceiro Friedrich Engels de "socialismo científico" — justamente para se opor ao utópico. Assim, enquanto Fourier, Saint-Simon, Robert Owen, Proudhon e outros defendiam um socialismo que, para Marx e Engels, não tinha chance de prosperar — por ser baseado em uma superioridade de tipo moral, cheio de boa intenção mas vazio de realismo —, a dupla acreditava em um socialismo que se ancorava na descoberta de leis gerais da história. Um socialismo que venceria porque, de certa maneira, estava sendo gestado dentro do coração do capitalismo.

Lênin (1870-1924), o principal líder da Revolução Russa, afirmava que o pensamento de Marx e Engels foi construído a partir de três bases fundamentais: a filosofia alemã, a economia clássica inglesa e o socialismo francês. É um jeito interessante de resumir as principais fontes do pensamento marxista.*

* Vladímir Ilitch Lênin, "As três fontes e as três partes constitutivas do marxis-

A filosofia alemã tinha como base o pensamento de Friedrich Hegel (1770-1831), que havia reformulado a dialética, um conceito bem difícil, e criara uma verdadeira teoria da história humana. Sua obra serviu de inspiração tanto a setores bastante conservadores, que usaram o pensamento hegeliano para defender os poderes dos reis, como a teóricos revolucionários, que nele viram a demonstração de que a história modifica tudo, que tudo está em permanente contradição, e que são essas contradições que permitem que o mundo mude. Hegel, por sua vez, era um defensor das monarquias constitucionais e, para os padrões do início do século XIX, um liberal moderado.

Marx e Engels absorverão de Hegel a dialética. Para os dois autores, a vida em sociedade é histórica. Isso quer dizer que a humanidade não foi sempre a mesma, ela se transformou, transformando as coisas ao seu redor. O ser humano, para poder sobreviver, entra em contradição com a natureza (planta, caça, colhe frutos) e nesse processo de contradição modifica a realidade e se modifica também. Num tempo histórico muito longo, as formas através das quais essa relação entre humanidade e mundo natural se davam foram se alterando. Isso significa que o ser humano encontrou, na história, modos distintos de produzir riquezas, foi evoluindo de formas mais simples para formas mais complexas. A alteração dessas maneiras de produzir riqueza foi possibilitada por contradições que eram inerentes (ou seja, estavam dentro) de cada um desses modos de produzir. Esta noção, de que toda realidade social é formada por uma contradição, e de que essa contradição produz uma síntese, foi livremente adaptada, digamos assim, do pensamento de Hegel, de sua dialética.

O alemão Ludwig Feuerbach (1804-72) também contribuiu

---

mo". *Obras escolhidas.* Lisboa; Moscou: Edições Avante!; Edições Progresso, 1977, t. 1, pp. 35-9.

para o marxismo, com sua defesa do materialismo. Vamos entender esse conceito um pouco melhor. Na filosofia, existe uma grande divisão: de um lado estão os filósofos materialistas e, de outro, os idealistas. Os materialistas acreditam na existência de um mundo fora da nossa consciência, que, por sua vez, é um produto desse mundo. Se mudarmos a realidade material, mudaremos também a nossa consciência. Por exemplo: independentemente de nós, existe uma mesa, uma cadeira, as cataratas do Iguaçu e o tempo. Nossa consciência dessas coisas é uma espécie de aproximação ou captação distorcida desse mundo que existe fora de nós.

Já o idealismo, resumindo de forma bem resumida, acredita no contrário. O que existe mesmo é a nossa ideia do mundo, aquilo que somos capazes de perceber. Importa apenas aquilo que nossa consciência percebe. Só vale nossa ideia do mundo, porque o que não pode ser apreendido simplesmente não existe. E mais: a nossa ideia do mundo constitui o mundo existente, visto que, em alguma medida, uma ideia tem uma dimensão material. Por exemplo, para um filósofo como Immanuel Kant, a humanidade pode, se assim decidir, estabelecer um imperativo moral que, objetivamente, organizará os parâmetros de nossa vida social. Trata-se de uma ideia, de uma formulação puramente humana, operando na realidade, produzindo efeitos materiais. Assim, para os idealistas, para que os homens e as mulheres lidem com o mundo, as ideias vêm antes — e antecedem a matéria. Para os materialistas, é a matéria que vem antes — nela está a substância do mundo —, e as ideias apenas refletem esse mundo material realmente existente.

Essa é uma simplificação, mas já dá para perceber que Marx e Engels usam esse materialismo para pensar que nossa consciência — ou seja, nossa visão do mundo — é produto das estruturas econômico-sociais. Ou seja, as ideias não têm vida própria, elas refletem, ainda que de modo criativo e potente, o mundo material em que vivemos.

Na visão da dupla, a crítica ao capitalismo existe da forma como existe porque estamos no tempo da crise do capitalismo. É a crise do capitalismo que provoca a crítica, não é a crítica ao capitalismo que provoca a crise. E por quê? Porque a crise do capitalismo faz parte do mundo material. As ideias vêm depois, porque elas são produzidas pelo mundo material. Veja que interessante: para Marx e Engels, as ideias sobre a transformação da sociedade e a decisão das pessoas acerca da necessidade de mudar as coisas aparecem justo quando as coisas *precisam* mudar! Não são as ideias que mudam o mundo, é o mundo que, mudando, independente de nossa vontade, muda as ideias. Seguindo esse raciocínio, a substituição do capitalismo não será produto das ideias, da formulação de uma nova sociedade perfeita na cabeça de alguém genial. Na verdade, é o mundo material — fora de nossa cabeça — que estaria mudando na direção do socialismo e criando uma classe operária grande, poderosa, que tem todas as condições de mudar as coisas porque produz tudo o que existe.

Em outras palavras, as ideias, a vontade humana e o desejo de mudar são produto dessas mudanças que estão acontecendo no mundo. Como chegou a hora de mudar por causa do desenvolvimento da técnica e do surgimento de uma classe que "porta o futuro", essas ideias passam a ser percebidas por nossa cabeça, passam a ser formuladas por nós. O pensamento dos revolucionários, segundo Marx e Engels, faz só um diagnóstico do que está acontecendo no mundo que está lá, fora da nossa mente.

Nos capítulos anteriores, usei os exemplos de jogos e brinquedos, mas agora é a vez de pensar em profissões. O revolucionário, segundo Marx, não é o engenheiro ou o arquiteto que constrói a maquete de um mundo novo e constata que foi uma boa invenção — tão boa, justa e capaz de proporcionar tanto bem-

-estar que prevalecerá, porque, afinal, somos racionais. Não é alguém que pensa um mundo novo e convence a todos que ele é melhor. O revolucionário é aquele que identifica a mudança que está vindo como um processo histórico irreprimível. Ele não está provocando a mudança, a sociedade nova está sendo gestada dentro da velha e por isso o revolucionário percebe o que está acontecendo. Não é o engenheiro da história, é o parteiro da história. A realidade está grávida de um novo mundo, e o revolucionário vai apenas criar as condições para que o novo venha à tona.

Marx, assim como os conservadores, rejeita a utopia. No fim das contas, na forma de pensar, marxistas e conservadores poderiam encontrar muitos pontos de contato. Ambos reverenciam o papel da História com H maiúsculo e acreditam que os indivíduos têm pouca capacidade de mudar o mundo antes que as condições estejam dadas historicamente. Também deu para perceber a diferença com os utópicos, certo? O socialismo defendido por Marx, para ele, é científico, porque vem da vida material, das mudanças na economia, impulsionadas por um longo processo histórico. O socialismo não existe ainda, mas as condições de seu surgimento estão sendo gestadas, presentes no mundo, nas relações econômicas, no estágio atual da técnica, na forma como as pessoas estão produzindo, na maturidade de uma classe que é poderosa porque faz todo o trabalho — e que já aprendeu que é lutando unida que conquista as coisas. Em um dia é o direito a uma jornada de trabalho digna, depois a consciência avança para a formação dos sindicatos, mais tarde são organizados os partidos dos que trabalham e em algum tempo será a mudança social profunda. E o socialismo não vencerá por ser um projeto mais justo, mas porque, estudando a história, é possível vislumbrar uma tendência histórica e concreta, quase irrefreável, de que os sistemas sejam substituídos por outros superiores.

É vendo de onde algo vem que é possível identificar para

onde vai. Pense em um velejador. Ele manobra seu veleiro, mas não segundo um plano feito por ele antes de ir ao mar, pois quem comanda é o vento. A inteligência do velejador não está em tirar tudo de suas ideias, em pensar o movimento ideal, mas em saber como agir diante de uma força incontrolável. O revolucionário, para Marx, é como o velejador.

Da economia clássica inglesa, Marx foi influenciado sobretudo por David Ricardo, que era ligado aos interesses dos industriais e havia aprofundado uma ideia de Adam Smith: a teoria do valor trabalho. O valor de uma mercadoria era determinado pela quantidade de trabalho empregado para produzi-la. Não apenas o trabalho do sujeito que fez a mercadoria, mas todo o trabalho anterior que acaba sendo incorporado ao produto.

Um operário vai montar uma cadeira, por exemplo, e pega a madeira, os parafusos e os pedaços de ferro — a matéria-prima. Tudo isso vale, digamos, dez dinheiros. Daí ele começa a trabalhar: pensa na cadeira que fará, se terá encosto, se terá os pés com esse ou aquele formato, imagina como será o assento — e esse processo já é trabalho. Em seguida, põe a mão na massa, risca a madeira, serra, corta, lixa, parafusa... Ao terminar de montar a cadeira, aquele material não vale mais dez, mas cem dinheiros. A magia de criação de valor foi realizada através do trabalho e agora está incorporada à cadeira.

O valor da cadeira é determinado pelo trabalho que foi posto ali, somado àquele que já vinha sendo incorporado aos itens que o operário usou: alguém cortou a madeira, alguém fabricou os parafusos, alguém fundiu o ferro para os pés da cadeira, alguém fabricou a ferramenta. E o tempo gasto para fazer tudo isso — madeira, parafusos, martelo — também está incorporado à coisa. Quando ele faz a cadeira, todo aquele trabalho acumulado se junta ao objeto final.

Agora, em vez de pensar num trabalhador montando uma

cadeira, imagine uma fábrica de cadeiras, com milhares de trabalhadores em linhas de montagem. É muita riqueza sendo criada pelo trabalho daqueles operários... E não estamos falando de preço, e sim do *valor* da mercadoria. A formação do preço leva outros fatores em conta, como concorrência, oferta e procura, escassez do produto...

David Ricardo afirmava que o valor de uma mercadoria, ou seja, a riqueza criada pela produção, era fruto do trabalho, e nascia do próprio *ato* de trabalhar. Não vinha do comércio, como pensaram alguns, quando se vendia algo mais caro do que o preço pago, tampouco da terra, do fato de que a semente da maçã vale menos do que a maçã pronta para ser colhida. A criação da riqueza estava vinculada ao trabalho humano.

Ricardo elaborou essa teoria porque era um defensor dos interesses dos industriais e por isso afirmava que a fábrica era a responsável por criar a maior parte de toda a riqueza. Portanto, o progresso, o futuro, as riquezas da Inglaterra e as possibilidades de abundância estavam ligadas ao que se fazia no lugar onde o trabalho era empregado de forma mais concentrada e eficiente — o ambiente fabril. Por isso, Ricardo acreditava que o governo da Inglaterra deveria promover uma política econômica que favorecesse as manufaturas e os grandes industriais. Imagine a felicidade dos donos das fábricas com um argumento que transformava seu negócio no grande produtor de riqueza para a humanidade. Mal sabiam eles que vários socialistas, entre eles Marx, partiriam dessa noção que vem de Smith e Ricardo para construir uma outra teoria para expropriá-los.

Muitos socialistas, dentre eles Marx e Engels, afirmavam que Ricardo tinha razão, mas mudavam o foco, o ponto de chegada da questão. Se o trabalho humano cria a riqueza — se é o ato concreto de juntar madeira, parafusos, ferro e montar a cadeira —, então isso acontecia somente graças a quem usa força física e inteligência nessa ação. Os donos das fábricas não tinham participação nesse ato concreto, nesse momento mágico no qual o trabalho faz a riqueza brotar. Eles, na verdade, se apropriavam da riqueza produzida pelo braço alheio.

Essa ideia de que toda a riqueza vinha das mãos dos trabalhadores não foi pensada só por Marx. É que ele e Engels são os socialistas que mais teorizaram a respeito e elaboraram, a partir dessa noção, uma análise sobre o que é o capitalismo e a contradição que levaria à sua superação. Vamos examinar mais a questão do trabalho, porque ela nos ajuda a compreender uma série de coisas que acontecem depois.

## O TRABALHO

Para Marx e Engels, o trabalho realizado socialmente é a atividade vital da humanidade. Vivemos em comunidade e nos associamos para sobreviver, assim como outros animais. No nosso caso, fazemos isso por meio do trabalho. Desde o começo, trabalhamos socialmente, porque juntos caçamos melhor, coletamos melhor os frutos, temos melhores condições de encontrar e preservar fontes de água e abrigos.

Em determinado momento da história, esse trabalho em grupo deixou de ser uma atividade cooperativa e igualitária, com todos fazendo tudo junto e dividindo igualmente o produto do esforço. Um grupo passou a se apropriar do trabalho do outro. Continuamos a trabalhar em grupo, mas um grupo minoritário passou a se apropriar do trabalho dos outros. Isso começou com o sistema escravista e foi mudando para outras formas de exploração. Deu para perceber como, para Marx, o trabalho está sempre no centro, desde antes do capitalismo?

Além disso, para trabalhar melhor e com mais eficiência, o

ser humano aprimorou suas técnicas, inventando ferramentas — e isso também é trabalho. Na visão de Marx e Engels, o que nos distingue dos outros animais é justamente o trabalho. O ser humano é o homo faber, o único animal que trabalha e que por meio do trabalho conseguiu abrir caminho na história e construir formas superiores de vida. Você poderia muito bem argumentar: "Mas Marx e Engels nunca viram uma formiga? Nunca viram uma vespa? Uma abelha? Esses animais também vivem em grupo e trabalham em conjunto". Pois é, Marx fala disso. Qual a diferença entre nosso trabalho e o trabalho desses outros seres? O que nos distingue desses animais é que projetamos nosso trabalho antes de realizá-lo e "prefiguramos" o que queremos que fique pronto no final.

Vamos pensar nisso usando o exemplo da cadeira. Antes de pôr a mão na massa, o marceneiro cria a cadeira em sua cabeça, e só então a produz. Vale para um trabalhador individual, mas também para o trabalho coletivo: numa fábrica há uma ideia prévia do que será produzido. No caso dos outros animais, não. A formiga não imagina o que fará, tampouco planeja, decide, muda de ideia ou inventa. Sua ação é dirigida pelo instinto, de forma automática, ela não cria nada. Só nós, seres humanos, temos a capacidade de modificar a natureza conforme nossa vontade, nosso desejo e nossos planos pensados racionalmente. E é essa nossa capacidade que se materializa em trabalho, de modo que é o trabalho que nos torna humanos.

Essa possibilidade de transformação se multiplicou com o desenvolvimento tecnológico — que é fruto, aliás, do próprio trabalho, afinal o trabalhador é o grande inventor das máquinas, das técnicas e dos processos. O trabalho é, portanto, gerador de riqueza e de progresso, além de humanizador. Quem tiver curiosidade de ler mais a respeito pode consultar um ótimo texto de

Engels — que apresenta, claro, as limitações da época — chamado "O papel do trabalho na transformação do macaco em homem".*

No começo os seres humanos se associavam para trabalhar e, com o passar do tempo, a exploração do homem pelo homem se generalizou nas sociedades escravistas e feudais. No capitalismo isso também acontece, mas de um jeito muito próprio. O trabalhador é livre, o que é já um avanço, e proprietário de si e de sua força de trabalho. Essa liberdade, segundo Marx e Engels, no entanto, é uma escravidão de outro tipo. Primeiro porque, se toda riqueza advém do trabalho, como pensaram Smith e sobretudo Ricardo, o trabalhador é roubado sempre que trabalha. Roubado? De acordo com Marx, sim, porque o indivíduo só recebe uma pequeníssima fração do fruto de seu trabalho, ou seja, da riqueza que sua força e inteligência produzem. Apenas o suficiente para comer, dormir, se lavar e voltar no outro dia. Essa fração é chamada de salário. O resto do tempo que ele usou trabalhando é apropriado por uma pessoa que nada fez e que acumula sem parar. O nome dessa parcela do trabalho que não é pago é mais-valia.** Em segundo lugar, o assalariamento é uma nova escravidão porque o trabalhador só é livre em teoria, já que continua obrigado a trabalhar. Embora não seja coagido fisicamente como o servo ou o escravizado, está coagido economicamente, pela necessidade de sobreviver.

Para essa dinâmica funcionar, o trabalhador precisou se tornar proletário. Ou seja, alguém que, não dispondo dos meios de produção, foi obrigado a vender sua força de trabalho para sobreviver. No feudalismo, os trabalhadores estavam afastados dos

---

* Friederich Engels, "O papel do trabalho na transformação do macaco em homem" [1876]. *Revista Trabalho Necessário*, v. 4, n. 4, 2006. Disponível em: <periodicos.uff.br/trabalhonecessario/article/view/4603>. Acesso em: 29 set. 2022.
** Paulo Sandroni, *O que é mais-valia*. São Paulo: Brasiliense, 1982; Tom Bottomore, "Mais-valia e lucro", em *Dicionário do pensamento marxista*, op. cit.

meios para produzir sua comida, sua roupa, seu aquecimento? Não. Eles estavam ali, na terra ou no campo e, mesmo vivendo em péssimas condições, podiam plantar sua comida, derrubar lenha para se aquecer, pegar água limpa no riacho ou no poço etc.

Além de, na visão de Marx, ser um roubo, o trabalho no capitalismo assume características desumanizadoras — os bens produzidos pelos trabalhadores não lhes pertencem, são fabricados para satisfazer as necessidades de um ente abstrato chamado mercado. O produto vira algo distante, morto, estranho, de modo que os trabalhadores não se reconhecem no fruto de seu próprio trabalho, e o produto que eles mesmos criaram e produziram torna-se para eles algo hostil.

E voltemos à cadeira. Antes do capitalismo, um trabalhador produzia uma cadeira inteira desde a concepção até a execução. A cadeira era dele em dois sentidos: porque ele dirigia todo o processo de produção e tinha controle sobre seu trabalho, e porque era o proprietário de sua criação. A cadeira era um fruto concreto de sua inteligência, de sua ação consciente, de seu suor e de suas habilidades. Ao entregar a cadeira a um cliente em troca de pagamento, o trabalhador estava vendendo algo que ele havia criado e, ao mesmo tempo, uma riqueza que era dele.

O talento do trabalhador resultou em algo significativo do ponto de vista humano, afinal a cadeira tem um valor de uso, que é, oras, sentar. O poder de fazer aquilo acontecer — pegar um punhado de tábuas e transformar em uma coisa útil — pertencia ao trabalhador. No entanto, com o capitalismo, dentro de uma fábrica, o trabalhador é separado do produto de seu trabalho. É separado tanto porque no fim a cadeira não será propriedade dele, como porque ele não produz mais nada de inteiro.

Na linha de montagem da fábrica, ele faz um movimento mecânico, um dos trinta movimentos que trinta trabalhadores diferentes farão para produzir trinta cadeiras por minuto. O valor da cadeira — ou seja, o valor de seu tempo trabalhado — é do patrão. Com o capitalismo, o trabalhador não tem mais o trabalho como inteligência aplicada ou talento concretizado, mas uma repetição mecânica. É essa separação entre o trabalhador e seu trabalho que Marx chama de alienação.*

Quer dizer que, segundo Marx, o trabalhador se comporta como uma máquina, no modo automático, sem alma? Quase. O capitalismo faz o trabalhador ser inferior à máquina! Vejamos: antes do capitalismo, era o trabalhador que controlava o tempo da produção. Ele trabalhava, parava um pouco, trabalhava mais rápido, se cansava, descansava, trabalhava um pouco mais devagar... Era o trabalhador que ditava o ritmo e estava no comando. O trabalhador também usava as ferramentas de acordo com a sua vontade e sabedoria. A ferramenta era dirigida por ele. Na fábrica capitalista, quem dita o ritmo é a máquina — aquela esteira da linha de produção, que passa numa velocidade determinada, e o trabalhador tem que se submeter ao ritmo dela.

Se antes do capitalismo o trabalhador é senhor das ferramentas, com o capitalismo são as ferramentas e as máquinas que se assenhoram do trabalhador, que passa a ser um apêndice da máquina. Recomendo muito assistir ao filme *Tempos modernos*, de Charles Chaplin (1889-1977), porque dá pra entender muito bem essa lógica da produção fabril.

Em síntese, Marx defende que o capitalismo, enquanto regime baseado na propriedade privada dos meios de produção, reduz o ser humano a um meio para a produção de riqueza particular e bloqueia a liberdade criativa ao subordinar a produção às exigên-

---

* Leandro Konder, *Marxismo e alienação: Contribuição para um estudo do conceito marxista de alienação*. São Paulo: Expressão Popular, 2009; Karl Marx e Friedrich Engels, *A ideologia alemã* [1983]. Trad. de Rubens Enderle, Nélio Schneider e Luciano Cavini Martorano. São Paulo: Boitempo, 2007.

cias do mercado. Se o trabalhador não se reconhece no produto que cria ou na atividade produtiva que gerou o produto, ele não se reconhece enquanto ser pertencente ao gênero humano no trabalho. Uma vez que, para Marx, o que nos faz humanos é o trabalho, o capitalismo seria um sistema desumanizador e desumano.

No entanto, o capitalista — quem detém os meios de produção, o patrão, o dono da fábrica — também se desumaniza, porque não participa da execução do trabalho produtivo e se desconecta das próprias potencialidades criativas. Em outras palavras, o fenômeno da alienação — de distanciamento da pessoa do sentido do seu trabalho — afeta o modo de pensar e compreender o mundo não apenas dos trabalhadores, mas também da classe dominante. Esses indivíduos criam instituições para manutenção da ordem social — escolas, governos, polícia —, só que elas escapam de seu controle, tornam-se estranhas a eles, assim como acontece ao operário com o produto de seu trabalho.

Na visão marxista, o capitalismo é ruim para todo mundo.

# Há muitas esquerdas na esquerda

Para entender a relação de Marx e Engels com o socialismo que antecedeu a eles, é preciso voltar à década de 1840. Os dois se conheceram em 1842 e, a partir de 1844, passaram a ser inseparáveis.* Em 1846, entraram para a organização Liga dos Justos (parece nome de super-heróis da Marvel, eu sei, mas os americanos chegaram depois...), mais tarde nomeada Liga dos Comunistas, por sugestão deles. Ficou a cargo de ambos escrever um manifesto público que elencasse as propostas da organização para a sociedade. Daí nasceu o *Manifesto do Partido Comunista*, um dos textos mais importantes da política que inaugurou um capítulo novo na história do socialismo.

O texto busca estabelecer uma ruptura com o que o socialismo havia sido até então, e tem como ambição fundar um novo tipo de socialismo, que fosse revolucionário e científico. Revolucionário porque a burguesia — classe dominante do capitalismo —,

---

* Tristam Hunt, *Comunista de casaca: A revolucionária vida de Friedrich Engels.* Trad. de Dinah Azevedo. Rio de Janeiro: Record, 2010, pp. 137-41.

ao expandir sua dominação e multiplicar o capital, acabaria por forjar a classe que a derrubaria de modo revolucionário: o proletariado. E científico porque criticava os socialismos anteriores por serem produto da cabeça de seus proponentes, ou seja, utópicos. Segundo o documento, era preciso considerar a mudança social parte do processo histórico, um capítulo do desenvolvimento da vida social, não o produto de um plano ideal. O socialismo venceria porque a dinâmica da história e da economia empurrava a história nessa direção, não porque fosse superior do ponto de vista moral.

Marx e Engels, como vimos, acreditavam que os seres humanos entram em contradição com o mundo natural para poder produzir riqueza, agindo de forma coletiva por meio do trabalho (você já leu o exemplo das formigas e das cadeiras). Ao longo do tempo, a humanidade foi estabelecendo modos diferentes de produzir riqueza, cada um mais avançado e eficiente do que o outro: nos primórdios, uma sociedade sem propriedade, mas bem precária tecnicamente; em seguida, escravismo, feudalismo e capitalismo, sistema dominante quando eles estavam escrevendo.

Essa sequência demonstraria a presença de uma lei do desenvolvimento histórico, marcada sempre pelo avanço da técnica e das forças produtivas. Uma lei da história que, tal como uma lei da física, não dependia da vontade humana. Era científica, passível de ser demonstrada por meio do estudo da economia e da história.*

Marx e Engels acreditavam que cada modo de produzir riqueza — escravismo, feudalismo, capitalismo — passava por um processo de ascensão, crise e queda. A crise vinha do esgotamento das possibilidades daquele modelo, ou seja, o sistema se desenvolvia tanto que entrava em crise, porque, ainda durante sua existên-

---

* Para este e para outros tópicos da teoria marxista, consultar o didático *Marx, vida e obra* (São Paulo: Paz & Terra, 2007), de Leandro Konder.

cia, já surgia o novo modelo para substituí-lo. Em outras palavras: a prosperidade que cada modelo gerava era o que o levava ao colapso. Tinha acontecido com o escravismo, com o feudalismo e, para Marx e Engels, também seria o futuro do capitalismo.

Segundo essa lógica, o avanço do capitalismo produziria a classe que iria derrotá-lo: os proletários. Ao destruir todas as relações que não fossem capitalistas ou mercantis, o capitalismo impulsionaria as concentrações de trabalhadores, os quais, por sua vez, teriam poder real, porque, embora não soubessem, produziam toda a riqueza. Além disso, eram um grupo cada vez maior, já que havia cada vez mais gente em grandes unidades fabris e cidades operárias em expansão. E essa massa imensa, com muito poder em potencial, tinha interesses opostos aos da burguesia, que se apropriava de seu trabalho e impunha a esses operários um modo de vida muito precário.

A LUTA DE CLASSES COMO MOTOR DA HISTÓRIA

Para Marx, o trabalho já era socializado. Tanto na fábrica — cada trabalhador executava uma pequena fração de todo o trabalho daquela unidade —, como na sociedade — um operário têxtil fazia um pano, mas comprava o sapato manufaturado por outro, comia o pão sovado por um terceiro, bebia a cerveja fermentada por outro ainda, e por aí vai. A produção, portanto, era coletiva, mas a apropriação da riqueza era individual, feita apenas pelos detentores dos meios de produção — o produto que nascia com a magia do trabalho ficava com meia dúzia. Havia uma grande irmandade de trabalhadores, uma sociabilidade cada vez maior na produção, e uma tremenda expropriação desse trabalho por uma classe privilegiada.

Existia uma divisão social do trabalho em que só entravam

os verdadeiros produtores de riqueza — gente faminta, maltratada e maltrapilha, mas que era quem de fato produzia tudo o que interessava e era útil. Mais cedo ou mais tarde, o tempo e a experiência adquirida pelas lutas levariam essa classe a, realizando o seu interesse, realizar também o de toda a humanidade e, por meio de uma revolução, substituir o capitalismo por um outro sistema que já estava inscrito em seu interior, o socialismo.

Marx e Engels reconheciam que os seus predecessores socialistas haviam feito grandes contribuições, mas consideravam suas ideias ainda limitadas: eles não haviam se dado conta das leis do desenvolvimento social que empurravam a sociedade em direção ao socialismo, tampouco que a classe dominante — a burguesia — não largaria o osso tranquilamente, de modo que o socialismo só poderia vencer por um processo revolucionário. Os socialistas utópicos acreditavam que uma nova sociedade viria simplesmente se conseguisse se provar melhor, mais justa, mais racional do que a existente, o que, para Marx, era impossível de acontecer.

A PRIMEIRA INTERNACIONAL

O socialismo é internacionalista: seus defensores encaram sua luta como uma luta mundial e desejam que toda a humanidade se livre da violência do capitalismo. Para que suas ideias pudessem ser propagadas, eles ajudaram a organizar a Associação Internacional dos Trabalhadores (AIT), mais tarde conhecida como Primeira Internacional, fundada em 28 de setembro de 1864, em uma reunião em Londres, com representações operárias inglesas, francesas, italianas, alemãs, suíças e polonesas. Marx ficou encarregado de redigir a mensagem inaugural e os estatutos gerais, que foram aprovados definitivamente no I Congresso realizado em Genebra, dois anos depois.

Se Marx escreveu o texto, então a Primeira Internacional era marxista, certo? Nada disso. Em linhas muito gerais, podemos identificar ao menos três correntes desde a fundação da Primeira Internacional: a) os sindicalistas ingleses, que estavam mais preocupados com conquistas imediatas como aumento de salários, jornada de trabalho e melhorias nas condições de trabalho; b) os proudhonistas, seguidores do pensador francês Pierre-Joseph Proudhon, cujo centro de atuação era a busca por uma organização econômica assentada no cooperativismo, e c) os comunistas, que tinham como principais líderes Marx e Engels. E isso são apenas as três correntes principais, porque a variedade de pontos de vista era muito maior.

Por volta de 1870, existiam seções da Internacional em pelo menos dez países. Seções, não partidos, porque da Primeira Internacional participaram agremiações dos mais diversos tipos: partidos, sindicatos, associações, sociedades cooperativas, câmaras sindicais... É somente mais tarde, com a Segunda Internacional, que essas organizações vão congregar apenas partidos.

Em março de 1871, outro evento entra para a história do socialismo. Em meio à Guerra Franco-Prussiana, os trabalhadores de Paris tomam o poder porque o governo central havia capitulado e a cidade, mesmo cercada, queria resistir. Era o início da Comuna de Paris, que pôs em prática diversas ideias defendidas pelos socialistas.

Logo após terem assumido o controle de Paris, os comunardos — as pessoas que defendiam a Comuna de Paris — promoveram a eleição para o Conselho da Comuna, elegendo 85 membros, dos quais dezessete eram representantes da Primeira Internacional. Pouco mais de dois meses depois, batalhas sangrentas deram fim à Comuna de Paris, quando então começou uma perseguição contra a Primeira Internacional, acusada de ter sido a responsável direta pela revolta.

Com isso, em setembro de 1871, os socialistas organizaram em Londres uma Conferência Geral para avaliar os efeitos da revolução parisiense, sobretudo para a Internacional. O grande destaque do congresso foi a aceitação, por parte da Internacional, da Aliança da Democracia Socialista, liderada por Mikhail Bakunin (1814-76). Bakunin era o principal teórico do anarquismo\* e suas ideias passaram a ganhar força, em especial na França, na Suíça, na Espanha, na Itália e na Rússia. E chegaram por aqui também: o Brasil teve um movimento anarquista expressivo na década de 1910.

Marx e Bakunin divergiam cada vez mais. Para o primeiro, o proletariado organizado lideraria a revolução; para o segundo, seria a grande massa de miseráveis sem trabalho. Um defendia que, depois da revolução, seria necessário constituir um Estado socialista que duraria muito até que pudesse se dissolver e ser substituído pelo comunismo, enquanto o outro, como bom anarquista, argumentava que a dissolução do Estado deveria ocorrer logo depois da revolução, do contrário um novo tipo de poder ditatorial tenderia a se estabelecer.

Além do debate duro entre marxistas e bakuninistas, outra vertente dissidente se abriu no seio da Internacional a partir dos sindicalistas ingleses, que não queriam saber de processo revolucionário nenhum, só queriam lutar pelos direitos mais imediatos dos trabalhadores. A briga era grande e vinha de longe.

Na Conferência de Londres, essas visões distintas se tornaram ainda mais claras e insolúveis, resultando, em linhas gerais, na convocação do v Congresso. Realizado em Haia em 1872 e dirigido diretamente por Marx e Engels, o evento consolidou a fragmen-

---

\* Para saber mais sobre o anarquismo, ver Martin Buber, *O socialismo utópico* (Trad. de Pola Civelli. São Paulo: Perspectiva, 2005), e Noam Chomsky, *Notas sobre o anarquismo* (Trad. de Felipe Corrêa, Bruna Mantese, Rodrigo Rosa e Pablo Ortellado. São Paulo: Hedra, 2015).

tação e rachou de vez a Internacional. As resoluções apontavam para a transformação dessa organização em um partido operário de caráter internacional, a expulsão do grupo liderado por Bakunin e a mudança da sede do Conselho Geral para os Estados Unidos, em função da intensa perseguição sofrida na Europa.

Enquanto isso, o fantasma da Comuna de Paris continuava atormentando a Internacional, que era perseguida e vista como perigosa. A repercussão foi longe: aqui no Brasil, por exemplo, o grande abolicionista Luiz Gama (1830-82) é acusado pelos escravistas de ser membro da Internacional. Essas perseguições, somadas aos rachas internos, levaram a Primeira Internacional à dissolução.*

## OS SOCIALISTAS SE FORTALECEM
## (A SEGUNDA INTERNACIONAL)

No final do século XIX, com o crescimento da indústria, os trabalhadores foram ganhando mais força, tendo mais poder de barganha e conquistando uma série de vitórias. Mesmo proibidas na maioria dos países, as greves conseguiam melhorias nas condições de vida e os sindicatos ganhavam força, ainda que não fossem reconhecidos pelos governos.

Lá atrás eu disse que seria possível contar a história do século XIX como uma história da ampliação do direito de voto, lembra? Mesmo caminhando a passos lentos, a possibilidade de trabalhadores votarem assustou parte dos setores dominantes. De certa maneira, esse grupo tinha razão em temer, porque o direito

---

\* Para uma antologia de textos da Primeira Internacional e um estudo introdutório muito elucidativo, ver Marcello Musto (org.)., *Trabalhadores, uni-vos! Antologia política da I Internacional* (Trad. de Rubens Enderle. São Paulo: Boitempo; Fundação Perseu Abramo, 2014).

ao voto logo se transformou numa participação política maior dos trabalhadores e numa ferramenta para conquistar vitórias concretas.

Ao longo desse processo, entre os últimos anos do século XIX e os primeiros anos do século XX, os partidos social-democratas se organizaram e ganharam muita força, espalhando-se pela Europa. Esses partidos nem sempre tinham esse nome. Na Alemanha, por exemplo, o nome adotado foi Partido Social-Democrata da Alemanha (SPD); na Espanha, Partido Socialista Operário Espanhol (PSOE); na Inglaterra, formou-se o Partido Trabalhista (Labour Party); na Itália, o Partido Socialista Italiano (PSI).

Todos eles, porém, consideravam-se social-democratas, eram marxistas ou adotavam pontos de vista marxistas, e em geral defendiam um caminho revolucionário para o socialismo. Com o tempo o termo "social-democrata" passou a ter outra conotação e abrange siglas de centro ou centro-esquerda — o que revela que muitas vezes, ao usar uma mesma nomenclatura, as pessoas estão querendo dizer coisas distintas. É assim: em muitos casos os conteúdos mudam, mas as palavras não.

Engels, que morreu em 1895, viu o início da ascensão desses partidos, especialmente do alemão, o maior e mais bem organizado. Também participou da organização da Segunda Internacional, que agrupava as siglas desse espectro político no mundo todo. Era, na verdade, o renascimento da Primeira Internacional, agora não mais pequena e dividida, mas uma organização de partidos com uma influência crescente.

O congresso de fundação da Segunda Internacional aconteceu em 14 de julho de 1889, em Paris. A data é familiar? Pois é, justamente o centenário da tomada da Bastilha. Ela aqui de novo, a Revolução Francesa.

Participaram do congresso cerca de duzentos delegados representando partidos e movimentos operários de muitos países, além de grupos anarquistas que logo sairiam da organização. Para não restar dúvida de que, naquele momento, esses partidos social-democratas eram revolucionários, vejamos alguns trechos do documento aprovado:

> "[...] a emancipação do trabalho e da humanidade não pode resultar senão da ação internacional do proletariado organizado em partido de classe, *se apropriando* do poder político para a expropriação da classe capitalista e a apropriação social dos meios de produção"; já que há rápido desenvolvimento em todos os países; que a "produção capitalista implica a exploração crescente da classe operária pela burguesia"; e que, por consequência, temos a "opressão política da classe operária, sua servidão econômica e sua degenerescência física e moral"; daí a obrigação do proletariado de lutar, "por todos os meios", contra a organização social que o esmaga.*

O crescimento rápido desses partidos, sobretudo em países como a Alemanha e a França, levou alguns líderes social-democratas a questionar a estratégia revolucionária. O cenário era mais ou menos o seguinte: havia cada vez mais parlamentares eleitos por esses partidos. Os sindicatos se fortaleciam. Os partidos estavam bastante organizados, com milhões de filiados, além de escolas de formação socialista com um número cada vez maior de operários — que conquistavam cargos de deputados. Uma revolução — ou seja, a tomada do poder pelos trabalhadores — seria mesmo necessária? Se a classe, o partido e a luta estão crescendo,

---

* Edgard Carone, "A II Internacional e seus congressos (1889-1891)". *Revista Novos Rumos*, n. 20, v. 6, pp. 49-54, 1991. Disponível em: <revistas.marilia.unesp. br/index.php/novosrumos/article/view/2088>. Acesso em: 29 set. 2022. Para o caráter revolucionário da II Internacional em seus primeiros tempos, ver João Cardoso Rosas e Ana Rita Ferreira, op. cit.

não seria isso o processo revolucionário, o movimento inevitável, irresistível, que desembocaria no socialismo, por meio de um avanço lento e constante que dispensaria uma ruptura?

Os socialistas que chegaram a essa conclusão faziam um movimento duplo: baseavam-se em Marx, mas ao mesmo tempo discordavam de algumas de suas conclusões. O filósofo alemão dizia que o caminho da história é a substituição do capitalismo pelo socialismo. Trata-se de uma lei histórica, de um processo que é fruto das contradições estruturais do capitalismo. Considerando isso, se usarmos a minha metáfora da parteira, talvez o socialismo nasça de parto natural por ser um processo que, de certa maneira, já está em curso. Eles, portanto, ressaltavam essa dimensão evolutiva do pensamento de Marx, que se encaixava na visão gradualista que estavam defendendo.*

Por outro lado, esses marxistas que pensam que a revolução não será necessária questionam Marx. Defensor importante dessa tese foi Eduard Bernstein (1850-1932), um dos líderes do spd alemão — para ele, Marx havia acertado muita coisa, mas também havia cometido erros:** teria absorvido demais a teoria de Hegel de que a superação de uma realidade se daria pelo choque, pela contradição entre dois polos — a tal "dialética". Isso teria levado a uma visão esquemática da luta de classes e da revolução como único modelo para o avanço da sociedade rumo ao socialismo. Outro erro: para Marx haveria um processo constante de empobrecimento da classe operária, o que impulsionaria os

---

* Para uma interessante relação entre evolucionismo e o socialismo do Partido Social-Democrata Alemão, ver Douglas Rogério Anfra, *Reforma e evolução: Política e ciência na social-democracia alemã no fim do século XIX* (São Paulo: fflch-usp, 2021. Tese [Doutorado em Filosofia]).

** Segundo Ana Rita Ferreira, Bernstein foi influenciado pelo pensamento dos socialistas fabianos, sobre os quais trataremos em breve. Ver João Cardoso Rosas e Ana Rita Ferreira, op. cit.

trabalhadores à revolução. Bernstein notava que isso não estava acontecendo, pelo contrário, a luta por pequenas conquistas tinha como resultado prático a melhora das condições de vida de quem trabalhava. E isso era possível porque o capitalismo vivia uma fase muito próspera, estava longe de colapsar.

Como os trabalhadores estavam mais conscientes e dispostos a lutar, e os empresários tinham margem de negociação porque os lucros cresciam, quem trabalhava obtinha cada vez mais vitórias. Dessa maneira, era possível pensar em um "socialismo evolucionário", ou seja, uma transição pacífica e natural para o socialismo. Embora fosse minoritária, essa posição de Bernstein abriu caminho para que se estabelecesse uma esquerda que continua tendo o pensamento marxista como sua maior referência, mas não acredita na revolução como a via para as mudanças. Aos poucos, essa linha de pensamento seria seguida por mais e mais socialistas europeus, até se tornar majoritária. De todo modo, nesse momento histórico, é uma divergência do *meio* para a mudança — uma divergência entre *revolução ou reforma* —,* pois o fim continua o mesmo: a superação do capitalismo e a instauração do socialismo.

Ao longo do tempo as divergências foram ganhando nova expressão, com Bernstein e seus seguidores sustentando que o socialismo era uma espécie de afirmação cotidiana, de processo cumulativo de conquistas para os trabalhadores. Segundo Ana Rita Ferreira:

> É por esta razão que, em 1891, quando Eduard Bernstein e Karl Kautsky [1854-1938] escrevem conjuntamente o novo programa do SPD — o programa partidário que veio a ser aprovado em Erfurt —, redigem um documento que se mantém completamente marxista, ortodoxo, revolucionário, ao nível da fundamentação

---

* Rosa Luxemburgo, *Reforma ou revolução?* São Paulo: Expressão Popular, 2004.

teórica, inscrita na primeira parte do programa, totalmente escrita por Kautsky, mas que é simultaneamente um documento já claramente social-democrata, revisionista, reformista, ao nível das propostas práticas e dos objetivos que o partido se propõe perseguir, contidos na segunda parte do programa, a parte escrita pelo punho do próprio Bernstein. Este Programa de Erfurt é um documento de transição, ainda incoerente, dado que nele dominava a tendência marxista na justificação teórica, mas já se detectava a tendência do socialismo liberal e democrático no capítulo das medidas pragmáticas.*

Esse programa, digamos, dúbio, mostrava uma divergência importante a respeito do caminho para as mudanças. Mas também prefigurava, antecipando, uma mudança de fundo sobre a própria perspectiva socialista vista como uma transição completa de modo de produção.

Aqui talvez caiba uma observação sobre o caminho defendido por Marx. Estamos discutindo a possível transição entre capitalismo e socialismo, certo? No horizonte dos marxistas, porém, há outra transição a ser feita no futuro, a transição entre socialismo e comunismo. O socialismo não é o ponto de chegada dos marxistas, mas uma passagem. A chegada ao poder implicará o estabelecimento de um poder de Estado socialista que será, obrigatoriamente, um poder exercido contra a burguesia, que não desaparece de imediato enquanto classe. Para Marx, esse poder teria como tarefa conduzir de forma dirigida a transição, feita num prazo mais ou menos dilatado, até um novo tipo de sociedade em que a abundância e a educação levariam à dissolução do Estado e

---

* Ana Rita Ferreira, "O socialismo democrático", em João Cardoso Rosas e Ana Rita Ferreira, op. cit.

das classes sociais. Essa transição é a transição do socialismo para o comunismo.*

Vimos, portanto, que os socialistas utópicos arquitetavam modelos ideais, mas, salvo exceções, não acreditavam na revolução como caminho. Eram, em geral, reformistas. Já o marxismo da época de Marx propôs outra via, a revolucionária. Dentro da própria corrente marxista, no entanto, um grupo passou a defender reformas em vez de revolução, mas note: sempre para substituir o capitalismo pelo socialismo. As visões que sustentavam que o socialismo não era mais o ponto de chegada surgiriam mais tarde.

O ano de 1914 marcou uma ruptura no movimento socialista. Os partidos socialistas estavam muito fortes quando a humanidade mergulhou na maior tragédia de sua história até então, a Primeira Guerra Mundial. Se os socialistas são internacionalistas e acreditam integrar um movimento que transcende fronteiras, a guerra parte de outras premissas. Quando há um combate dessas proporções, os países daqueles trabalhadores membros da Internacional entram em choque em uma luta mortal. Na prática, os trabalhadores socialistas ou simpáticos ao socialismo são recrutados para combater uns contra os outros: um operário alemão na trincheira tem que atirar num operário francês. E agora? Como os socialistas, tradicionalmente defensores da paz nas relações internacionais e se considerando membros da família operária mundial, deveriam lidar com a guerra? Como fica o chamado final do *Manifesto do Partido Comunista*: "Proletários de todo o mundo, uni-vos!"?

Os partidos social-democratas — partidos socialistas da

---

* Dois textos nos quais Marx discute a questão da transição ao comunismo são *Crítica do programa de Gotha* (Trad. de Rubens Enderle. São Paulo: Boitempo, 2012) e *A guerra civil na França* (Trad. de Rubens Enderle. São Paulo: Boitempo, 2011).

Segunda Internacional —, fortíssimos nesse momento, com vários deputados eleitos, cresciam justamente porque tinham se mostrado capazes de ser porta-vozes das aspirações da grande massa dos trabalhadores. E o que a massa acha da guerra? Com o impulso do nacionalismo, a massa dos trabalhadores é patriota e apoia seu país no conflito. Do ponto de vista desses trabalhadores, seria uma traição grave ficar contra a guerra, adotar uma postura pacifista e boicotar os esforços do próprio país para derrotar o inimigo.

Além disso, numa guerra, o país entra em um estado de exceção. O que isso quer dizer? Nessas situações extremas, o país necessita da mais absoluta unidade interna, por isso é muito comum que se suspendam as garantias dos indivíduos asseguradas pelas constituições. Traduzindo: corre o risco de ser preso qualquer um que, dentro de um país, se opuser ao conflito e convocar os trabalhadores a não lutar. Os partidos socialistas, caso não apoiassem seus países na guerra, cairiam na ilegalidade: seus deputados perderiam os mandatos e seus líderes poderiam ir para a cadeia.

Diante dessa situação, o movimento socialista europeu se dividiu. A maioria seguiu o sentimento ufanista dos trabalhadores e apoiou o próprio país na guerra. Uma minoria rachou, afastando-se de seus partidos e da Segunda Internacional. Entre os que não aceitaram a guerra estavam Lênin e seu grupo, que em pouco tempo orquestrariam uma revolução na Rússia, e a polaco-alemã Rosa Luxemburgo (1871-1919), uma das principais líderes do partido alemão, uma das teóricas mais importantes do marxismo.*

Com a divisão, os setores mais revolucionários deixaram os partidos social-democratas. E, como resultado, os reformistas

---

* Edgard Carone, op. cit.; George D. H. Cole, *Historia del pensamiento socialista*. Cidade do México: Fondo de Cultura Económica, 2002. v. III-IV: La Segunda Internacional.

passaram a ganhar cada vez mais força, o que também acelerou a adesão da Segunda Internacional à ideia de que as reformas eram o caminho para chegar ao socialismo.

## O SOCIALISMO FABIANO

O caminho reformista para o socialismo já havia ganhado reforços com a formação, em 1884, na Inglaterra, da Sociedade Fabiana, uma organização de pensadores e intelectuais. O nome era uma referência a Fábio Máximo (*c.* 280-203 a.C.), cônsul da República romana que, na luta contra Aníbal (247-183 a.C.), líder dos cartagineses, inimigos de Roma, adotou a tática de uma guerra lenta, cujo objetivo era desgastar progressiva e pacientemente o inimigo.

Para os socialistas fabianos, o inimigo era o capitalismo, e o caminho para o socialismo era acelerar a preparação dos trabalhadores para o exercício do poder. A palavra é "acelerar" mesmo, porque era um processo que já estava em curso, na medida em que os trabalhadores participavam cada vez mais de debates, polêmicas, discussões — um caminho que, inevitavelmente, lhes despertaria a consciência.[*]

Os fabianos se contrapunham frontalmente ao marxismo revolucionário. Consideravam a tática de Marx desnecessária e ineficiente, já que a crescente consciência dos trabalhadores derrotaria o capitalismo. Atenção: o socialismo defendido pelos fabianos não é o mesmo de Marx, não pressupõe a passagem a outro modo de produção.

Esses socialistas "não revolucionários" foram fundamentais

---

[*] Eric Hobsbawm, "Os fabianos reconsiderados", em *Os trabalhadores: Estudos sobre a história do operariado.* 2. ed. Trad. de Marina Leão Teixeira Viriato de Medeiros. São Paulo: Paz & Terra, 2000, pp. 293-318.

para a fundação do Partido Trabalhista da Inglaterra e influenciaram pensadores no mundo todo, inclusive fora da Europa, como o líder da Independência Indiana e primeiro-ministro do país, Jawaharlal Nehru (1889-1964), que era socialista.

Uma das grandes forças dos fabianos consistia no contingente de intelectuais que faziam parte ou eram simpatizantes da organização, como a escritora Virginia Woolf (1882-1941) e o filósofo Bertrand Russell (1872-1970). George Bernard Shaw — sim, aquele que tinha uma polêmica com G. K. Chesterton — escreveu parte dos textos mais importantes da organização. Curiosamente, uma das grandes influências teóricas dos fabianos é o liberal John Stuart Mill, em especial seus textos da última fase, em que ele se aproxima de posições socialistas. Veja como as fronteiras são porosas...

Hoje em dia, a ultradireita retomou o tema do socialismo fabiano para acusar pessoas ou instituições de quererem sorrateiramente conduzir as sociedades ao socialismo, educando as pessoas sem que elas percebam. Você já foi xingado de socialista fabiano? Pois é, essa é a explicação. Quase toda mentira em política contém um tiquinho de verdade, de fato os fabianos queriam uma transição gradual para o socialismo, mas faziam esse processo de "conscientização" às claras, anunciando a todos os seus objetivos.

Também é óbvio que não existe uma sociedade fabiana secreta pregando nada por aí. Isso é teoria de conspiração do Twitter, ainda mais porque muita gente que percebe as injustiças do capitalismo propõe uma reforma, mas não se posiciona claramente como os fabianos faziam. Nem todo mundo que propõe um modelo alternativo ao capitalismo acha que a resposta é necessariamente o socialismo. Essa é uma simplificação que funciona nas redes para rotular adversários e, assim, fortalecer o próprio grupo.

## A UNIÃO SOVIÉTICA E O SOCIALISMO REAL

A Primeira Guerra rachou o movimento socialista e a Segunda Internacional, com uma parte minoritária dos partidos rejeitando abertamente qualquer tipo de contribuição ao esforço bélico de suas nações.

O grupo que não aceitava que os trabalhadores entrassem na guerra para se bater uns contra os outros era minoritário na maioria dos países, mas forte na Rússia. E logo esse grupo ganharia espaço na conjuntura política do país, cresceria muito e conquistaria o poder. Isso aconteceu porque em fevereiro de 1917 do calendário russo uma onda revolucionária derrubou o governo autocrático do tsar Nicolau II (1868-1918), um dos mais violentos da Europa. Forças liberais assumiram o poder e tentaram conduzir a Rússia a um governo constitucional, num processo conhecido como Revolução de Fevereiro.

Devido às perseguições do tsarismo, a maior parte dos líderes dos bolcheviques — como era chamado o grupo revolucionário — estava no exílio. Quando o tsar caiu, essa turma logo voltou. Um dos líderes, Vladímir Ilitch Lênin, desembarcaria clandestinamente na Rússia em abril. E os bolcheviques russos foram ganhando cada vez mais influência. A Revolução de Fevereiro havia criado uma série de sovietes, que eram conselhos populares nos quais o povo se reunia para deliberar sobre tudo. Os sovietes surgiram inclusive no Exército, que ainda estava em guerra (a Primeira Guerra Mundial só acabou em 1918).

Porém, o governo provisório vivia em crise. Não conseguia resolver o problema da fome, não agia para fazer nenhum tipo de reforma agrária em uma Rússia cuja estrutura da propriedade da terra ainda era feudal, tampouco dava conta de acabar com o pesadelo da guerra. Ao mesmo tempo, os bolcheviques ganhavam cada vez mais influência e, com o slogan "Paz, Pão e Terra", conseguiram tomar o poder, derrubando o governo provisório e instaurando um regime socialista em outubro. O episódio ficou conhecido como Revolução de Outubro, apesar de, pelo nosso calendário gregoriano, ter ocorrido em novembro.*

Embora Marx defendesse que a revolução só poderia acontecer nos países de capitalismo mais desenvolvido, Lênin e os bolcheviques decidiram que era preciso tomar o poder e que o socialismo faria tudo aquilo que o capitalismo não pôde fazer. Em outras palavras, cumpriria as tarefas econômicas que o capitalismo não havia cumprido: expandir as fábricas, mudar a propriedade da terra e fazer avançar as forças produtivas.**

O movimento socialista internacional, por sua vez, se dividiu quanto à atitude bolchevique. É claro que houve simpatia e solidariedade — afinal, era uma revolução socialista —, mas vários líderes do movimento internacional consideraram um erro a tomada do poder nessas circunstâncias, porque, seguindo o raciocínio de Marx, não havia condições para estabelecer o socialismo em um país semifeudal, quase sem fábricas, sem um operariado consolidado ou educado politicamente. Aquela aventura não duraria.

A tomada do poder pelos bolcheviques deu início a uma guerra civil: de um lado, os bolcheviques; de outro, seus adversários tsaristas dentro da Rússia e vários exércitos estrangeiros. Semelhante ao que aconteceu na Revolução Francesa, a experiência russa também enfrentou resistências internas e externas de grupos que ou defendiam mudanças mais graduais ou se apegavam à antiga or-

---

* Para uma história detalhada dos eventos que separam a queda do tsar da Revolução de Outubro, ver John Reed, *Dez dias que abalaram o mundo* (Trad. de Bernardo Ajzenberg. São Paulo: Penguin-Companhia das Letras, 2010).

** Vladímir Ilitch Lênin, *Teses de abril*. Trad. de Daniela Jinkings e Alvaro Pina. São Paulo: Boitempo, 2017.

dem. Foi um conflito duríssimo e sangrento, que persistiu até 1923. Ao final, os bolcheviques conseguiram resistir e se mantiveram no poder, derrotando os inimigos internos e as potências que invadiram a Rússia para impedir que o socialismo se espalhasse.

Durante a guerra civil, os bolcheviques tomaram medidas contrárias à democracia e aos direitos individuais, empurrando para a clandestinidade partidos que faziam oposição ao regime, inclusive partidos socialistas. Essas e outras medidas, como o fechamento da Assembleia Constituinte, levaram vários líderes do movimento comunista, dentre eles Rosa Luxemburgo, a criticar Lênin e os bolcheviques.* Ou seja, nem todo mundo que ocupava a margem esquerda do rio achou positivos todos os traços da experiência russa. Vários recusaram caminhos, por exemplo afirmando que o socialismo precisava manter a democracia e a liberdade de opinião. Outros, porém, se encantaram com as conquistas da Revolução Russa e quiseram adotar o mesmo caminho do país, que em 1922 passou a se chamar União das Repúblicas Socialistas Soviéticas (URSS), refletindo o fato de que naquele país havia muitas nacionalidades diferentes, o que vem expresso no plural "repúblicas".

Nascia aí a divisão entre os partidos socialistas ou social-democratas e os partidos comunistas. Na maior parte do mundo, a ala mais radical dos partidos socialistas saiu para fundar os partidos comunistas. O Brasil, porém, foi um caso especial, porque aqui havia um movimento anarquista forte e foi ele que rachou para dar origem ao PC.

---

* É interessante notar que alguns revolucionários que resistiram ao apoio de seus partidos a seus governos nacionais na Primeira Guerra se posicionaram contra os bolcheviques quando medidas como o fechamento da Assembleia Constituinte foram tomadas. Foi o caso, por exemplo, de Rosa Luxemburgo. Ver Rosa Luxemburgo, *A Revolução Russa* (Trad. de Isabel Loureiro. São Paulo: Fundação Rosa Luxemburgo, 2017).

Entre a tomada de poder em 1917 e a formalização da URSS em 1922, os comunistas também criaram a sua organização internacional. Entre os dias 2 e 6 de março de 1919, sob a liderança dos soviéticos foi fundada a Terceira Internacional em um congresso em Moscou.* A Segunda Internacional, por sua vez, continuou existindo, agrupando os socialistas que não apoiavam os bolcheviques. Isso, porém, não significou, pelo menos nas primeiras décadas, um abandono do socialismo, nem mesmo do marxismo como teoria geral. Vários partidos, a exemplo do Partido Trabalhista inglês, tinham em seu programa ou estatuto a defesa da socialização dos meios de produção. Pelo menos no discurso, o socialismo como objetivo final continuava válido.

Apesar disso, os partidos socialistas ascenderam ao governo em vários países da Europa ainda no início do século XX. Na Itália, o Partido Socialista ganhou as eleições em 1919; na Alemanha, o SPD venceu em 1919, 1920 e 1928; na Inglaterra, o Partido Trabalhista foi eleito em 1923 e 1929. Em nenhum caso houve de fato algum processo de transição ao socialismo ou de ameaça à propriedade.

Os rumos da URSS e, mais tarde, de países que tiveram experiências comunistas, passaram a ser um termômetro na vida das organizações socialistas e comunistas. Por um lado, a URSS conquistou feitos impressionantes. Em tempo recorde, um país praticamente feudal venceu o analfabetismo, criou universidades, fez pesquisa de ponta e tirou milhões da miséria. Em 4 de outubro de 1957, lançou ao espaço o *Sputnik*, primeiro satélite artificial da história; em 1961, antes que os países capitalistas pudessem entrar na corrida espacial, os russos mandaram o astronauta Yuri Gagarin (1934-68) ao espaço.

---

* Para um estudo aprofundado sobre a Terceira Internacional, ver Pierre Broué, *História da Internacional Comunista* (Trad. de Fernando Ferrone. São Paulo: Sundermann, 2007. t. I e II).

Por outro lado, conforme o tempo passava, mais e mais notícias de violações aos projetos de democracia operária vinham à tona. Especialmente com Stálin (1878-1953), que assumiu o poder após a morte de Lênin, em 1924, os episódios se multiplicavam: assassinatos de adversários, campos de prisioneiros, deportações de populações inteiras, fome. Em 1936, nos chamados Processos de Moscou, a maior parte do que havia sobrado da velha guarda bolchevique foi condenada à morte.* No xx Congresso do Partido Comunista da URSS, em fevereiro de 1956, os crimes de Stálin, àquela altura já morto, foram denunciados pelos próprios líderes soviéticos. As denúncias e acontecimentos como a invasão da Hungria em 1955 e da Tchecoslováquia em 1968 causaram grande impacto no movimento comunista, que perdeu força e seguidores.

Diante desse cenário, muitos marxistas rejeitaram a experiência do socialismo real — aquela que de fato aconteceu, na Rússia e em outros países depois da Revolução de 1917. Os erros estariam em como a teoria marxista foi posta em prática, e não em seu cerne. E muitos marxistas continuaram defendendo a URSS até o fim, considerando que, apesar dos erros, os feitos das experiências socialistas são mais importantes, indícios da possibilidade de realizar novas experiências, deixando de lado esses equívocos.

Hoje dá pra dizer que os grupos oriundos do campo socialista se dividem entre partidos socialistas e social-democratas, e a parcela da esquerda que tem o marxismo como horizonte teórico. Uma grande parte dos partidos socialistas e social-democratas não defende mais uma transição ao socialismo. Suas propostas vão na direção de reformar o capitalismo, dando-lhe uma face mais humana, garantido que o Estado proporcione condições de vida dignas para todos e mitigue as desigualdades. Por isso muita

---

* Id., *Os processos de Moscovo*. Trad. de Robert Ponge. Lisboa: Editora Moraes, 1966.

gente da esquerda classifica essas legendas de adesistas e rejeita a ideia de que elas são de fato de esquerda.*

Mesmo nesses partidos cujos quadros majoritariamente abandonaram o ideal socialista, ainda há minorias representativas que defendem as reformas como parte de uma transição pacífica ao socialismo. E entre os que defendem a transição para o socialismo, cresce a parcela daqueles que insistem na democracia como o caminho para atingi-lo. Os partidos que têm como referência o marxismo continuam existindo, por mais que tenham perdido força com a queda do socialismo real com o final da União Soviética, entre 1989 e 1991. Em alguns países, como Espanha, Rússia, Grécia, Portugal, Bélgica e Brasil, esses partidos têm alguma influência, ainda que sejam pequenos ou médios.

Um bom jeito de pensar a multiplicidade que existiu e ainda existe no pensamento socialista é imaginar um degradê: aquela paleta de cores que começa num tom mais forte e vai clareando. No caso dos socialistas, seriam duas escalas vermelhas. A primeira diz respeito aos socialistas reformistas, não marxistas. Em uma extremidade mais saturada, estão as pessoas que julgam necessário lutar pela substituição do capitalismo, visto como um sistema injusto, violento, que joga milhões na miséria. Conforme o vermelho vai esmaecendo, há uma série de outras posições, até chegar naqueles que, pertencentes a partidos socialistas e social-democratas, estão mais próximos de um social-liberalismo, na linha do que vimos na primeira parte do livro. Haverá disputa acerca do lugar exato de cada um na régua política. O tom mais carregado, por exemplo, negará o direito de estar no campo vermelho à turma da outra extremidade, que aderiu ao capitalismo, sistema ao qual o socialismo historicamente se opõe.

* Ruy Fausto, *Caminhos da esquerda: Elementos para uma reconstrução*. São Paulo: Companhia das Letras, 2017.

Do mesmo modo podemos pensar na paleta vermelha do degradê dos marxistas. Numa extremidade estão aqueles que lutam por novas revoluções como as do século XX, mas sem cometer os mesmos erros, em especial o desrespeito à democracia. Na outra reúnem-se os que consideram que o marxismo deve ser visto como uma ferramenta teórica para pensar outro tipo de transição para uma sociedade socialista. No meio existe uma infinidade de posições, de balanços distintos das experiências da URSS e do Leste Europeu e dos governos de hoje que se dizem comunistas — como China, Cuba, Vietnã e Coreia do Norte. Nesses casos, também há uma infinidade de interpretações diferentes da própria teoria marxista e uma série de caminhos para a construção da ruptura com o capitalismo.

Por fim, não posso deixar de mencionar que há quem defenda de forma aberta os aspectos mais autoritários dessas experiências, o que não é, de maneira nenhuma, exclusividade do campo socialista. Esse culto ao autoritarismo aparece também nas outras ideologias que discutimos.

# Autores

Nos capítulos anteriores, você leu sobre alguns dos teóricos socialistas mais importantes. Para encerrar, é hora de saber de outros talvez menos conhecidos.

### FOURIER

O francês François-Marie Charles Fourier ficou conhecido como um dos grandes nomes do "socialismo utópico", embora se apresentasse como um sujeito simples, sem formação acadêmica, mero "descobridor" ou "inventor". Sua principal contribuição, ele dizia, havia sido a "lei da atração passional", com base na qual acabou pensando um caminho para a humanidade superar a civilização, criando harmonia.

Fourier é um grande crítico do capitalismo, sobretudo dos muito ricos, com sua vontade de acumular, seu mau gosto, sua falta de empatia. Dividiu a história em quatro fases: selvagismo, barbárie, patriarcado e civilização, que coincide com a sociedade burguesa e capitalista. No entanto, propôs que a última fase da história da humanidade fosse o socialismo (que denominou "socientismo"). A civilização move-se num ciclo de contradições, reproduzindo-as constantemente, sem poder superá-las. Fourier utilizava a dialética ao modo dele.*

Sugeria ainda que a vida fosse organizada com base na associação e no cooperativismo, pois assim todos poderiam desenvolver seus talentos. Os ricos deveriam se responsabilizar imediatamente por essa transformação social, financiando a criação de comunidades e falanstérios, projetados para a felicidade humana. Aliás, o próprio Fourier havia imaginado o cotidiano dessas sociedades alternativas que existiriam no mundo capitalista, e sempre procurava filantropos para custear a implementação de suas ideias.

Com o fim das hierarquias antigas teria surgido o "princípio da livre concorrência", que embora positivo, porque significava a igualdade de todos diante da lei, na prática produziu uma situação contraditória: o princípio defendia a concorrência, mas acabava por organizar grandes monopólios. O privilégio, portanto, havia voltado em outra roupagem. Todo mundo era igual diante da lei em matéria econômica, mas só alguns podiam fazer a maioria das coisas.

É contra essa situação que os falanstérios deviam existir. Como as pessoas participariam dessas comunidades espontaneamente, ou seja, sem coação, o problema da organização da nova ordem estaria resolvido. Era uma combinação de individualismo e coletivismo. A pessoa está lá porque quer, pode ir embora quando quiser, mas toda ação naquele espaço é coletiva, solidária, em prol de uma vida feliz para todos. No que diz respeito à emancipação, esse caminho levaria a humanidade a um terceiro (e último) estágio evolutivo. O primeiro teria sido aquele em que

---

\* Jacqueline Russ, *O socialismo utópico*. Trad. de Luiz Eduardo de Lima Brandão. São Paulo: Martins Fontes, 1991.

escravizados foram convertidos em servos; o segundo, em que os servos foram convertidos em trabalhadores assalariados; o terceiro suprimiria o proletariado, transformando trabalhadores assalariados em associados.

O falanstério chegou a ser comparado a um grande hotel em que os hóspedes se encarregariam da produção, seguindo uma lei exata e sem lacunas que regularia — ainda que assegurando a liberdade de decisão — detalhes da vida diária. A instância suprema não daria ordens, apenas instruções, e os grupos estariam livres para seguir a própria vontade, mas sem divergir completamente dessa linha de ação.

As propostas apresentavam ideias importantes, como a alternância de atividades heterogêneas. Fourier defendia que os pobres deveriam gozar de um bem-estar graduado, a fim de permitir que os ricos fossem felizes, e com isso seria possível chegar a um "acordo de generosidade". Como uma espécie de contrapartida, os ricos renunciariam à maior parte de seus dividendos em favor do trabalho e do talento. A socialização não seria uma etapa forçada, mas consequência de uma renúncia voluntária produzida pelas condições de vida dos falanstérios.

Para ele, o prazer deveria ser o ponto de chegada de tudo isso: uma vida prazerosa, de comodidades e gozos, que incluía sexo, jogos, comida. O caminho, por sua vez, era a liberdade: individual e ao mesmo tempo coletiva, porque todos esses prazeres eram sociais, realizados com outras pessoas. Fourier ressalta também a importância da liberdade das mulheres, criticando duramente as relações de gênero e a posição da mulher na sociedade capitalista. Para ele, a liberdade da mulher era a melhor medida para avaliar o grau de liberdade de uma dada sociedade.*

* Leandro Konder, *Fourier, o socialismo do prazer*. Rio de Janeiro: Civilização Brasileira, 1998, pp. 29-35.

Seu pensamento impulsionou o movimento cooperativista, e sua principal obra nessa temática é o *Tratado da associação agrícola doméstica*, publicado em 1822.*

## SAINT-SIMON

A obra de Claude-Henri de Rouvroy, conde de Saint-Simon, partia da premissa de que existia uma divisão social entre "ociosos", que se beneficiavam dos outros, sem trabalhar, e "produtores". O pensador francês defendia a livre-iniciativa e a manutenção dos lucros capitalistas, mas as vinculava a um objetivo geral: o progresso de todos e o cumprimento de certas responsabilidades sociais.

Haveria dois impulsos antagônicos na vida social: um coercitivo do Estado (o Estado dando ordens), e outro espontâneo da sociedade (as pessoas vivendo sua vida). É como se tudo se movesse de acordo com essas duas energias, e era preciso unificá-las, dando-lhes um objetivo comum. Para tanto, seria preciso substituir o governo, que na prática mais atrapalhava do que ajudava, e instaurar uma administração, capitaneada pelos industriais, ou seja, a classe produtiva, os trabalhadores, os gerentes, os técnicos, gente diretamente envolvida na produção de riqueza. Saint-Simon propunha que os trabalhadores elegessem seus diretores como chefes, fundindo numa única classe capitalistas ativos e proletários. A política deveria ser a da ciência da produção, ou seja, o esforço da atividade de quem se envolvia com a atividade pública deveria se voltar para ampliar a produção de riquezas, gerar pros-

---

* Charles Fourier, *Traité de l'association domestique-agricole*, em *Oeuvres complètes*. Paris: Anthropos, 1966-8 [1822].

peridade, porque esse era o caminho para a construção daquilo que a humanidade almejava: liberdade, igualdade, direitos.*

Ainda que crítico da ideia de intervenção na economia, defendia que cabia ao Estado assegurar a produtividade, operando para diminuir o ócio. Também era otimista e achava que a sua seria a época da transição para uma nova ordem na qual o trabalho se converteria em fonte de todas as virtudes, e o Estado, em "irmandade dos trabalhadores".

## ROBERT OWEN

Robert Owen nasceu em Newtown, no País de Gales. Iniciou a vida como empregado de comércio e chegou a se tornar diretor e sócio de uma grande indústria do setor têxtil, em New Lanark.

Analista dos acontecimentos da Revolução Industrial, Owen entendia o trabalho como gerador de riquezas — produzidas pelos operários — e achava terrível a vida nas fábricas. Com o tempo passou a fazer uma crítica mais global ao capitalismo e às condições de vida que esse sistema econômico impunha à maioria. As pessoas não tinham muita escolha quanto a gerir a própria vida, determinada em parte por questões biológicas, disposições hereditárias, e em parte pelas condições concretas, materiais. Se a maioria da população — em especial os operários — era submetida a condições de vida horríveis, com jornadas de quinze ou dezesseis horas, trabalhando desde criança e morando em cortiços, como esperar dessas pessoas atitudes "civilizadas"?

Owen construiu moradias operárias decentes e ofereceu aos trabalhadores alimentação de qualidade e oportunidades educacionais. Também organizou cooperativas de compras e lojas para

* Jacqueline Russ, op. cit.

garantir a quem trabalhava mais do que comida: o acesso a bens de boa qualidade, roupas, livros e móveis. Outra grande preocupação sua era a educação infantil, que discutia com grande entusiasmo e na qual investia. Alguns o consideram o criador das creches e escolas para crianças pequenas.

Enquanto em outras fábricas os operários chegavam a trabalhar dezesseis horas diárias, na dele, em New Lanark, a jornada era de dez horas e meia — para a época, um avanço admirável. Os trabalhadores o tomavam de exemplo quando tentavam provar que era possível diminuir a jornada sem provocar um colapso na economia. Em certa ocasião, uma crise algodoeira obrigou o fechamento da fábrica por quatro meses e, mesmo sem trabalho, os operários receberam suas diárias. Owen defendia que a transformação social deveria se dar tanto na estrutura total como em cada uma de suas células, de modo que uma ordem justa em cada unidade seria a base de uma ordem justa total.

Essas mudanças não representaram queda nos lucros. No entanto, em vez de defender que seria possível dar boa qualidade de vida aos operários e ainda assim enriquecer, Owen radicalizou sua visão. Passou a questionar fundamentalmente a própria validade do lucro e da acumulação sem fim, concluindo que uma sociedade profundamente igualitária seria a única forma de atingir a justiça.

Considerava ainda que as novas forças produtivas — que até então só haviam servido para enriquecer alguns poucos e escravizar as massas — lançavam as bases para uma reconstrução social. Ou seja, a fábrica trouxe uma riqueza tão grande que era uma indecência não a repartir. Seu caminho, que era puramente prático e empresarial, deu origem ao "comunismo oweniano": em 1823, ele propôs um sistema de colônias comunitárias e igualitárias para combater a miséria na Irlanda, apresentando inclusive um orçamento completo de despesas para sua realização.

Segundo ele, três grandes obstáculos se erguiam no caminho da reforma social: a propriedade privada, a religião e o casamento. Ao atacar essas instituições, perdia popularidade. Se antes sua fábrica era visitada por estadistas e outros empresários, e ele era elogiado como grande filantropo, agora era ignorado pela imprensa e tinha suas finanças sacrificadas. Nada disso, porém, o freou. Além de promover inovações em sua fábrica, ele colaborou para o avanço da legislação reguladora do trabalho de mulheres e crianças, e a criação de cooperativas de consumo operárias.

Em certo momento, cada vez mais crítico em relação ao capitalismo, Owen organizou uma colônia socialista nos Estados Unidos, a New Harmony. A empreitada não obteve o sucesso esperado, e ele voltou para a Inglaterra, onde viveu até sua morte.*

## PROUDHON

Pierre-Joseph Proudhon nasceu em Besançon, na França, no contexto das vitórias napoleônicas. Autodidata e filho de operários, sua infância foi marcada por dificuldades. Depois de abandonar os estudos, trabalhou como tipógrafo, ofício que lhe permitiu conhecer textos teológicos e aprender grego, hebraico e latim.

Em 1838, um texto seu recebeu um prêmio da Academia de Ciências de Besançon, e esse reconhecimento o ajudou a obter uma bolsa para estudar em Paris, onde completou sua formação. Em 1840, publicou *O que é a propriedade?*, em que contesta vários argumentos favoráveis à legitimação da propriedade, ressaltando princípios de justiça e equidade. É dessa obra que sai sua célebre conclusão de que a propriedade seria um roubo.

Graças a esse texto, Proudhon ganhou rápida projeção no

---

* Ibid., pp. 25-39.

primeiro terço da década de 1840, mas perdeu a bolsa de estudos e foi levado a julgamento, do qual saiu absolvido. Em dificuldades financeiras, começou a trabalhar numa empresa de transportes fluviais e conheceu os operários da indústria da seda, que contribuíram para seu pensamento anarquista.

Lançou *A criação da ordem na humanidade* em 1843, e *Sistema das contradições econômicas ou filosofia da miséria* em 1846, em dois volumes. Neste último trabalho, sem renunciar às ideias presentes em *O que é a propriedade?*, acrescenta a perspectiva da contradição: a propriedade seria direito de ocupação e, ao mesmo tempo, ferramenta de exclusão. Instituição de justiça e um roubo. Prêmio do trabalho e a negação do trabalho.*

Em 1848, Proudhon começa a publicar periódicos e se torna conhecido o bastante para se eleger deputado na Assembleia Nacional. Em março de 1849, foi condenado a três anos de prisão por oposição a Luís Bonaparte (1808-73) e fugiu para a Bélgica. Meses depois voltou para a França e permaneceu na prisão entre 1849 e 1852.

Apesar das divergências, Marx fez algumas aproximações com Proudhon. Esse contato, porém, terminou depois de uma polêmica resposta de Marx ao livro *Sistema das contradições econômicas*. Ironizando a "filosofia da miséria" de Proudhon, Marx publica *A miséria da filosofia*, o que provocou a ruptura entre os dois.**

Proudhon morreu em Paris aos 56 anos. Sua visão de mundo, sua defesa do cooperativismo e da auto-organização e sua posição contrária ao poder do Estado e a qualquer tipo de autoridade cen-

---

* Pierre-Joseph Proudhon, *O que é a propriedade?* Trad. de Marília Caeiro. Lisboa: Estampa, 1975.
** Martin Buber, op. cit.

tralizada fizeram com que ele se transformasse numa das grandes referências do movimento anarquista.*

* George Woodcock, *Pierre-Joseph Proudhon: A Biography*. Montreal; Nova York: Black Rose Books, 1987.

# Conclusão

Uma das formas mais eficazes de resistir a tudo de ruim que anda acontecendo por aí é cuidar de nós mesmos, em todos os aspectos, o que inclui manter nossa curiosidade e alimentar a vontade de entender o que nos cerca. Estudar é reservar um tempo para zelar pelo que temos de mais precioso: nossa compreensão de quem somos, do mundo, de nosso lugar nele.

Você já entrou numa loja de tinta, ou mesmo numa loja de maquiagem, e se surpreendeu com a diversidade de uma mesma cor? Com as ideologias é um pouco assim. O mais bacana é que, conforme o tom varia, um azul vai lentamente se aproximando de outras cores, adquirindo tonalidades de verde, de amarelo, de cinza... As cores, em determinado momento, se encontram — assim como as visões de mundo.

Os meios-tons só estão ausentes no mundo do ódio. Se você é um liberal, mas sempre teve alguma simpatia pelo socialismo, percebeu que não há nada de errado nisso. É um pensamento sofisticado, que está na praça desde o século xix — aliás, no fim da vida Stuart Mill fez uma reflexão semelhante. Se você é socialista mas desconfia um pouco do culto ao progresso, valoriza as tradições e a vida em comunidade, quer a igualdade, mas desconfia de um Estado centralizado, deve ter se identificado com Fourier.

Na internet, nos memes, nos grupos de mensagem, essas nuances em geral não existem. É preto ou branco, e ai de quem quiser trazer para a roda um colorido — ou até alguns tons de cinza. O que mais tem é simplificação ou rotulação. Não importa o que a pessoa diz que pensa, e sim a distorção do interlocutor, como ele ouve o que ela diz. Parte disso é jogo sujo, claro, mas parte é recusa a tudo que é complexo, porque compreender cansa... E talvez o caminho mais fácil seja transformar toda uma teoria em um adjetivo ou meme e sair disparando por aí à exaustão.

Pra gente contribuir pra mudar esse cenário, precisa compreender as bases teóricas daquilo que consubstancia o nosso pensamento sobre o mundo. Assim, ao saber justificar suas posições, você pode ajudar inclusive a ampliar o campo de visão desse interlocutor limitado que só sabe se mover no debate a partir de frases prontas.

As ideologias têm fronteiras que separam, mas também comunicam e influenciam. Espero que você tenha gostado de ver algumas dessas fronteiras sendo reveladas — e acho que "revelar" é mesmo o verbo, porque elas estão escondidas, soterradas pelos bombardeios de lado a lado, pela ausência de diálogo. Ausência de diálogo, aliás, que é apenas nas redes sociais, pois os políticos dos quais os internautas são fãs estão lá fazendo acordos e conversando. Isso, dentro da legalidade, é ótimo: é a democracia. Líderes de grupos diferentes apertam as mãos nos bastidores e as torcidas, enraivecidas, acham que conversar com quem pensa diferente rouba a "pureza ideológica" de alguém. Se você está seguro do que acredita, se suas convicções têm alicerce, você não tem medo do diferente.

Todo mundo simpatiza com uma ou outra corrente, mas espero que essa leitura tenha despertado em você a vontade de conhecer uma visão de mundo diferente da sua. Não precisamos concordar com uma ideia para nos interessar por ela ou achá-la bem-construída. Aliás, também para refutar argumentos eu preciso antes compreendê-los. Fico feliz da mesma forma se a sua vontade for se aprofundar nas variações da corrente que mais o agrada. O que vale é seguir aprendendo e abandonar o dogmatismo, aquela postura de quem acredita que já chegou a uma verdade única e incontestável.

Gosto muito de uma sugestão que nos orienta, ao estudarmos as ideias, a ter uma postura compreensiva. Não no sentido da mãe que entende e releva os erros do filho, que passa pano. Compreensiva na acepção de que nosso primeiro esforço deve ser entender a ideia que está sendo apresentada, para depois formar uma opinião e, se for o caso, aderir a ela ou rejeitá-la. E tudo bem se não quiser tomar uma atitude a respeito — podemos apenas compreender.

Essa postura compreensiva é fundamental, caso contrário ficaremos sem entender o que está sendo dito num texto ou explicado numa aula. É simples assim. Não é ser compreensivo para ser bonzinho com o autor, você não precisa sequer gostar dele, e sim ser compreensivo em benefício próprio — como uma técnica de estudo. Se já chego com uma ideia preconcebida, emocionalmente afetado pela repulsa que me causa qualquer pensamento que não seja o explicitamente defendido pelo meu grupo, é muito provável que eu prejudique o meu próprio aprendizado. Claro que muita gente já tem opinião formada — e para entender uma ideia diferente não é preciso abandonar essa posição. É só fazer um esforço para compreender.

Ao escrever este livro procurei incentivar essa postura compreensiva, proporcionar uma leitura com mais razão e menos emoção, para não fugir do bordão (e, agora, da rima). Tentei abordar as diferentes correntes sem juízos preconcebidos, expondo o argumento dos autores e seguindo o raciocínio deles, e torço que tenha conseguido. Sim, eu sei, em algum momento o distanciamento diminuiu e eu sugeri um antiácido, mas podemos concordar que foi algo pontual, não podemos?

Nem tudo, claro, deve ter de nós a mesma abertura. Sempre faço a ressalva do intolerável. Quando o assunto é ideologia, não estamos falando apenas de flores — e faço questão de deixar isso registrado. Todas elas, sem exceção, sustentaram regimes autoritários, ditatoriais, violentos. Não existe bandeira que não tenha uma mancha de sangue, ainda que desbotada, meio imperceptível, seja pelo desgaste do tempo, seja porque as pessoas tentaram apagá-la. Não estamos discutindo física teórica, e sim correntes que lutaram pelo poder.

Repito o que já disse ao longo do livro: o que mais me assusta não é que essas coisas terríveis tenham acontecido no passado — e olha que isso me assusta bastante —, mas que ainda hoje exista quem defenda esses autoritarismos. Gente que acredita que sua visão de mundo é tão verdadeira e única que pode ser imposta pela força. A história ensina, mas, infelizmente, nem todo mundo presta atenção... E tem autoritarismo em todo canto. Não é prerrogativa de nenhum grupo específico.

Meu principal objetivo neste livro era apresentar ideias, traçando, para cada uma delas, uma linha do tempo que nos permitisse compreender o seu nascimento e desenvolvimento e, claro, oferecer respostas para algumas das inquietações que se apresentam na atualidade. Mas eu gostaria que essa leitura também suscitasse novas perguntas. Muitos dos dilemas que atravessam a filosofia, as ciências sociais, a história, ainda permanecem no ar. Como vimos no decorrer do texto, o mundo muda e as mudanças demandam de nós novas propostas de solução. Antigos ou novos, esses dilemas exigem reflexão e postura crítica, comportamentos que contrariam a velocidade e a superficialidade dos tempos atuais e, portanto, exigem que deliberadamente nos proponhamos a essa importante tarefa. Vejamos alguns deles.

Os seres humanos têm mesmo uma natureza? Algo que nos é inerente? Ou seja, temos tendências que já nascem conosco? Se sim, qual é essa natureza? Por exemplo, somos animais naturalmente gregários, com um impulso que nos empurra para viver em grupo, cooperando? Aliás, se o impulso é de cooperação, poderíamos dizer que somos naturalmente bons e pervertidos pelo desarranjo do mundo?*

Nesse caso, será que o Estado é mesmo necessário? Será que não podemos, nos livrando do egoísmo ao recuperar a nossa natureza, viver uma vida comunitária sem coerção, sem competição desenfreada, sem a necessidade de ultrapassar barreiras e com isso acabar ultrapassando nossos semelhantes? Visões assim aparecem nos capítulos sobre conservadorismo e socialismo: o que é o falanstério de Fourier ou as comunidades defendidas pelos distributistas, que são conservadores?

Admitamos que temos uma natureza, mas ela é sobretudo… egoísta. Imaginem que somos naturalmente egoístas, movidos pela vontade de viver cada vez melhor, individualmente. Essa vontade não é social, fruto da cultura, da forma como se organizou o mundo em que fomos inseridos ao nascer, mas inata, como o fato de termos um nariz e duas orelhas. Se isso for verdade, seriam eficazes os sistemas que instrumentalizam esse impulso individualista para obter a prosperidade. Sem incentivar essa vontade de ter uma vida cada vez melhor ou oferecer recompensas às pessoas que alcançam melhores resultados, as coisas não avança-

---

* Rutger Bregman, *Humanidade: Uma história otimista do homem.* São Paulo: Crítica, 2021. Ver também, do mesmo autor, *Utopia para realistas: Como construir um mundo melhor* (Rio de Janeiro: Sextante, 2018).

riam, porque, se não há recompensa individual, então viver bem significaria trabalhar menos, produzir menos. Note que a sua proposta de organização das coisas depende dessas premissas: da resposta que você der a essas perguntas.

Se a premissa adotada é de que os seres humanos são naturalmente maus, decaídos, afastados de Deus, e, desse modo, tendem sempre ao pecado, ao erro, à maldade, não são as condições sociais que empurram as pessoas para o crime, e sim a natureza humana. Essa resposta nos levaria a uma posição mais conservadora — contrária, por exemplo, ao que Thomas More defendia — e à compreensão de que um Estado organizador das coisas, junto com a tradição, os costumes e a hierarquia são constritores poderosos e fundamentais.

Seria possível pensar, claro, que a premissa de uma natureza humana pecadora tem impacto na compreensão da culpa? Se o pecado, o crime, é a realização de algo que está na carne, será que podemos evitá-lo? E diante da impossibilidade de nos comportarmos de outra forma, como trabalhar a responsabilização individual? Mais do que isso, se todos somos pecadores, como julgar o próximo? O juiz é pecador e o réu também, porque a natureza de um é a natureza de todos. Que condição tem um pecador para julgar o outro, quando o único juiz é Deus?

Mas... e se o ser humano não tiver natureza nenhuma? Nem gregária nem egoísta, nem pecadora nem bondosa? Se, na verdade, o que existe não é natureza, mas cultura? De tal modo que adquirimos todas as nossas características na vida social. Será que muito daquilo que alguns grupos defendem como natural não é cultural? Pensem nos espaços destinados às mulheres na sociedade: ao contrário da menstruação ou da capacidade de amamentar, características naturais que permanecem a despeito das mudanças culturais, seria a suposta adequação da mulher para trabalhos domésticos mesmo parte da sua natureza? Como explicar que tenha mudado tanto ao longo do tempo a partir da alteração da distribuição de poder dentro da sociedade? Será que a ordem das sociedades surge mesmo de forma espontânea ou alguns grupos deliberadamente construíram estruturas sociais para manter o poder em suas mãos?

Se a premissa, dessa vez, é de que somos fruto do mundo que nos circunda, tudo pode mudar. Mudar completamente, desde que as condições sociais permitam. Desde que consigamos construir condições de mudança, nos orientar por elas, para construirmos o mundo desejado. E aqui vale manter o apreço pelas nuances que caracterizou o nosso discurso ao longo dessa obra: podemos ter um traço de natureza complementado — e alterado — pela cultura. Seríamos então seres condicionados — pela natureza e/ou pelo meio — mas não determinados. E o otimismo de construção não precisa ser ilimitado: podemos acreditar na nossa capacidade de imaginar e construir mundos melhores sem abandonar completamente a ideia de cautela. A depender das nossas condições de vida, teremos mais ou menos pressa. A quem não tem o que perder, cautela é demora demasiada.

O ser humano faz a história ou a história faz os seres humanos? Se Napoleão tivesse morrido ainda menino na Córsega, a história teria criado outro Napoleão? Os grandes líderes, bons ou maus, produzem os grandes fatos, ou são os processos econômicos e sociais profundos que promovem a ascensão desses líderes?

E o desenvolvimento histórico, será que ele obedece a algumas leis? Existe uma dinâmica da história que independe de nós e no máximo permite que a gente dê um formato final para o que está por vir? Marx diria que sim, afinal, para ele, a história da humanidade tem um rumo, e os seres humanos intervêm puxados pela história e do jeito que a história permite. O cristianismo também estaria no mesmo barco, afinal tudo é a vontade de Deus se desdobrando no tempo e é isso que move os seres humanos.

Cristãos e marxistas partilhando da crença ou convicção de que a história tem um sentido, um rumo, uma direção, que depende muito pouco das nossas ações.

Ou será que o futuro existe hoje dentro das nossa cabeças, pronto para nascer a partir da forma que dermos a ele no campo das nossas ideias?

E se a história for uma sucessão de acasos, que podem ganhar forma se forem empurrados pela ação de algumas pessoas? Nesse cenário, a única maneira de mudar ou conservar as coisas é agindo. Às vezes heroicamente, seja construindo uma sociedade alternativa nos Estados Unidos ou em Santa Catarina (sim, teve um falanstério de Fourier por lá), seja escrevendo um livro conservador para barrar uma revolução, como fez Burke. A ação humana aqui seria fundamental e a história, algo aberto, sem rumo definido.

E como resolver o par igualdade/ liberdade? É mesmo possível construir plenamente a igualdade mantendo a liberdade de todos absolutamente intocada? É possível existir uma sociedade que distribua os bens e as riquezas de forma dirigida sem ser autoritária? Igualdade plena é o que queremos? Se não: é real a liberdade em uma sociedade em que não há igualdade mínima? É livre quem tem que investir todos os seus esforços diários para arranjar um prato de comida? Qual seria o balanço ideal? Depende da compreensão sobre a compatibilidade ou não desses valores a nossa proposta concreta de organização do mundo.

E o par liberdade/ democracia? Será que o par liberdade e democracia é plenamente compatível? Por um lado, a maioria — com sua posição aferida democraticamente em uma eleição ou um plebiscito — deve poder tudo? Pode determinar minha religião ou resolver com quem devo me casar? Pode dar ao Estado a possibilidade de aplicar a pena de morte — ou seja, tirar a vida de um indivíduo? Pode a maioria de ocasião, de determinado momento histórico, decidir por abrir mão da própria democracia? Devemos permitir que uma maioria, no hoje, abra mão dessa prerrogativa de decidir democraticamente? Como recuperariam esse direito os integrantes da nova geração? Por outro, existe mesmo liberdade se a maioria se pronunciar e sua posição não for levada em conta? Como distinguir os direitos de uma minoria dos privilégios das minorias? Quais devem ser os limites indispensáveis? Em quais direitos as maiorias, mesmo consultadas por meio de mecanismos democráticos, não podem tocar?

Será que nossa liberdade é ameaçada apenas pela força dos gigantes Estados nacionais a quem se contrapunha Mises, por exemplo, ou será que o mundo em que vivemos conta com outras superestruturas mais fortes que os Estados? Pense nas big techs e no poder de uma delas de silenciar um presidente dos Estados Unidos nas redes. Se o mundo do futuro é o mundo dos dados, e se a manipulação deles afeta as democracias, não somos ameaçados por quem os detém? Diante dessa nova ameaça, nos basta um Estado guarda-noturno ou precisamos de Estados nacionais com poder de regulamentação suficiente para regular essas superestruturas que nos ameaçam? Qual a medida ideal entre a regulamentação necessária e o empecilho exagerado ao potencial criativo e produtivo dessas estruturas e das pessoas que a elas dão vida? De quanto Estado a gente precisa?

Será que dá para discutir as relações de trabalho no metaverso evocando Marx? É justo criticar sua teoria contrapondo a ela a ascensão massiva de uma classe média que ele não viu surgir? Ao mesmo tempo, é correto nos apropriarmos hoje, sem qualquer reserva, de um pensamento que se propôs a resolver problemas do passado? Será que Adam Smith, quando pensou na liberdade dos mercados, tinha em mente o mal que podem causar empresas que admitem consequências nefastas para o meio ambiente desde que isso maximize o lucro de seus acionistas? Será que ele imaginava que os dados sobre o aquecimento global mostrariam que, em 2022, já provocamos um estrago irreversível? É mesmo possível abstermo-nos da regulação ambiental em nome da produtividade de curto prazo ou devemos nos conscientizar da existência de um amanhã? Papo de esquerda? De progressista que abraça árvore? Como será que essas ridicularizações seriam vistas por Edmund Burke, numa direita que considera a sociedade um pacto entre os mortos, os vivos e as gerações que ainda não nasceram?

Já que falamos em metaverso, o que a tecnologia fará com o excedente de mão de obra? Se deixado o mercado à própria sorte, a tendência é mesmo que o desejo individual de progresso conduza ao progresso coletivo, como defendiam alguns liberais e, consequentemente, que a produtividade crescente dê conta de absorver a massa de trabalhadores? Ou será que essa é mais uma ilusão? Ainda que se parta da convicção firme dessa consequência como certa, o que fazer até que esse dia chegue, assistir ao perecimento de uma massa de miseráveis? Ou devemos ampará-los nesse caminhar, garantindo a sobrevivência mas também a capacitação técnica para inserção nesse novo mundo? E faremos isso em qual medida, já que, sem recursos infinitos, não podemos nos dar ao luxo de um gasto no hoje que comprometa irremediavelmente o amanhã? Qual a solução?

Temos muitos problemas antigos cujos contornos se alteram constantemente, numa velocidade cada vez mais rápida. E temos, na mesma velocidade acelerada pela Revolução Tecnológica, novos problemas. Num mundo complexo, não existem respostas fáceis. A simplificação conforta porque ilude. Você prefere o conforto das ilusões que o carregam para o abismo ou a dureza da realidade que lhe permite, ainda que com alguma dificuldade, o desvio? Blaise Pascal (1623-62) disse que "corremos despreocupados em direção ao precipício depois de haver colocado algo diante de nós para impedir que o vejamos". Tiraremos a venda?

Muitas dessas inquietações apareceram ao longo do livro, com contornos diferentes, quando uma vertente de alguma das três ideologias tocou a questão, ainda que não diretamente, e nos ofereceu caminhos — disponíveis a partir da compreensão e do contexto da época. Foi para responder a esses e a outros grandes questionamentos que as ideologias se formaram. As respostas são diferentes de acordo com cada um desses guarda-chuvas, que precisam se ampliar e se renovar em continuação, sob pena de se tornarem obsoletos. De todo modo, continuam informando, ainda hoje, o nosso modo de pensar os problemas.

Sai perdendo quem tenta encontrar uma teoria pronta ou a chave que abre todas as portas. Todo pensamento contribui, e não há melhor forma de refletir sobre o que nos cerca do que essa imensa coleção de *perguntas que não têm só uma resposta*. E é por isso que a democracia, que tem no respeito ao pluralismo uma qualidade essencial, é, para nós, a decisão que antecede a todas as outras.

Deixo todas essas perguntas — assim como as reflexões que vimos ao longo do livro — como um mapa, um caminho para você construir suas posições nos debates. Sempre com fundamento, pensando e propondo soluções para o agora e para o futuro.

E diante de um eventual questionamento seu, leitor, sobre como nos mantermos otimistas e ativos em relação à nossa capacidade de construção, faço uma consideração e uma pergunta: acreditar num mundo melhor é premissa fundamental para que consigamos alcançá-lo. Crer, entretanto, não basta, é preciso agir. Dessa afirmação nasce a pergunta: existe outro caminho possível senão nos mantermos otimistas e ativos em relação à nossa capacidade de construção?

# Referências bibliográficas

ANFRA, Douglas Rogério. *Reforma e evolução: Política e ciência na social-democracia alemã no fim do século XIX*. São Paulo: FFLCH-USP, 2021. Tese (Doutorado em Filosofia).

APPLEBY, Joyce; SCHLESINGER, Arthur Meier. *Thomas Jefferson*. Nova York: Times Books, 2003.

ARENDT, Hannah. *Sobre a revolução*. Trad. de Denise Bottmann. São Paulo: Companhia das Letras, 2011.

ARMITAGE, David. *Declaração de Independência: Uma história global*. Trad. de Angela Pessoa. São Paulo: Companhia das Letras, 2011.

BARROSO, Luis Roberto. *Curso de direito constitucional contemporâneo: Os conceitos fundamentais e a construção do novo modelo*. 5. ed. São Paulo: Saraiva, 2015.

BELLOC, Hilaire. *O Estado servil*. Trad. de Fausto Machado Tiemann. Curitiba: Danúbio, 2017.

*BÍBLIA de Jerusalém*. Trad. de Domingos Zamagna. São Paulo: Paulus, 2002.

BLOCH, Marc. *Os reis taumaturgos: O caráter sobrenatural do poder régio — França e Inglaterra*. 2. ed. Trad. de Julia Mainardi. São Paulo: Companhia das Letras, 2018.

BOBBIO, Norberto. *Direita e esquerda: Razões e significados de uma distinção política*. Trad. de Marco Aurélio Nogueira. São Paulo: Editora Unesp, 1995.

BOTTOMORE, Tom. *Dicionário do pensamento marxista*. Trad. de Waltensir Dutra. Rio de Janeiro: Zahar, 1988.

BREGMAN, Rutger. *Humanidade: Uma história otimista do homem*. São Paulo: Crítica, 2021.

_____. *Utopia para realistas: Como construir um mundo melhor*. Rio de Janeiro: Sextante, 2018.

BROUÉ, Pierre. *História da Internacional Comunista*. Trad. de Fernando Ferrone. São Paulo: Sundermann, 2007. t. I e II.

_____. *Os processos de Moscovo*. Trad. de Robert Ponge. Lisboa: Editora Moraes, 1966.

BUBER, Martin. *O socialismo utópico*. Trad. de Pola Civelli. São Paulo: Perspectiva, 2005.

BURKE, Edmund. *Reflexões sobre a revolução na França*. Trad. de José Miguel Nanni Soares. São Paulo: Edipro, 2014.

CARONE, Edgard. "A II Internacional e seus congressos (1889-1891)". *Revista Novos Rumos*, n. 20, v. 6, pp. 49-54, 1991. Disponível em: <revistas.marilia.unesp.br/index.php/novosrumos/article/view/2088>. Acesso em: 29 set. 2022.

CASSIDY, John. "The Importance of Bernie Sanders and Socialism". *New Yorker*, 10 abr. 2020. Disponível em: <www.newyorker.com/news/our-columnists/the-importance-of-bernie-sanders-and-socialism>. Acesso em: 29 set. 2022.

CHARTIER, Roger. *As origens culturais da Revolução Francesa*. São Paulo: Editora Unesp, 2009.

CHATEAUBRIAND, François-René de. *O gênio do cristianismo*. Trad. de Camilo Castelo Branco. Curitiba: Danúbio, 2020.

CHAUI, Marilena. *O que é ideologia*. São Paulo: Brasiliense, 1980.

CHESTERTON, G. K. *Autobiografia*. São Paulo: Ecclesiae, 2012.

CHOMSKY, Noam. *Notas sobre o anarquismo*. Trad. de Felipe Corrêa, Bruna Mantese, Rodrigo Rosa e Pablo Ortellado. São Paulo: Hedra, 2015.

CLAVERO, Bartolomé. *Happy Constitution: Cultura y lengua constitucionales*. Madri: Trotta, 1997.

COLE, George D. H. *Historia del pensamiento socialista*. Cidade do México: Fondo de Cultura Económica, 2002. v. III-IV: La Segunda Internacional.

COUTINHO, João Pereira. *As ideias conservadoras explicadas a revolucionários e reacionários*. São Paulo: Três Estrelas, 2014.

DARDOT, Pierre; LAVAL, Christian. *A nova razão do mundo: Ensaio sobre a sociedade neoliberal*. Trad. de Mariana Echalar. São Paulo: Boitempo, 2016.

DARNTON, Robert. *Boemia literária e revolução: O submundo das letras no An-*

*tigo Regime*. Trad. de Luís Carlos Borges. São Paulo: Companhia das Letras, 1987.

DUBY, Georges. *As três ordens ou o imaginário do feudalismo*. Trad. de Maria Helena Costa Dias. Lisboa: Editorial Estampa, 2014.

_____. *O cavaleiro, a mulher e o padre*. Trad. de Jorge Coli. São Paulo: Editora Unesp, 2022.

"'EM UMA SOCIEDADE totalitária, tudo fica sem rosto', diz Roger Scruton". Fronteiras do Pensamento, ago. 2019. Disponível em: <www.fronteiras.com/leia/exibir/em-uma-sociedade-totalitaria-tudo-fica-sem-rosto-diz-roger-scruton>. Acesso em: 29 set. 2022.

ENGELS, Friederich. "O papel do trabalho na transformação do macaco em homem" [1876]. *Revista Trabalho Necessário*, v. 4, n. 4, 2006. Disponível em: <periodicos.uff.br/trabalhonecessario/article/view/4603>. Acesso em: 29 set. 2022.

ESPING-ANDERSEN, Gøsta. *The Three Worlds of Welfare Capitalism*. Cambridge: Polity Press, 1990.

FAUSTO, Ruy. *Caminhos da esquerda: Elementos para uma reconstrução*. São Paulo: Companhia das Letras, 2017.

FINLEY, Moses I. *Escravidão antiga e ideologia moderna*. Trad. de Norberto Luiz Guarinello. Rio de Janeiro: Graal, 1991.

FOURIER, Charles. *Traité de l'association domestique-agricole*, em *Oeuvres complètes*. Paris: Anthropos, 1966-8 [1822].

FREEMAN, Joshua B. *Mastodontes: A história da fábrica e a construção do mundo moderno*. Trad. de Pedro Maia Soares. São Paulo: Todavia, 2019.

FURET, François. *A Revolução Francesa em debate*. Bauru: Edusc, 2001.

_____. *Pensando a Revolução Francesa*. Trad. de Luiz Marques e Martha Gambini. São Paulo: Paz & Terra, 1989.

FURET, François; OZOUF, Mona. *Dicionário crítico da Revolução Francesa*. Trad. de Henrique de Araújo Mesquita. Rio de Janeiro: Nova Fronteira, 1989.

GODECHOT, Jacques. "As grandes correntes da historiografia da Revolução Francesa, de 1789 aos nossos dias". *Revista de História*, São Paulo, v. 39, n. 80, pp. 423-70, 2017.

HAIDT, Jonathan. *A mente moralista: Por que pessoas boas são segregadas por política e religião*. Rio de Janeiro: Alta Books, 2020. E-book.

HARARI, Yuval Noah. *Sapiens: Uma breve história da humanidade*. Trad. de Jorio Dauster. São Paulo: Companhia das Letras, 2021.

HESPANHA, Antonio Manuel. *A ordem do mundo e o saber dos juristas : Imaginários do antigo direito europeu*. Lisboa: [s.n.], 2017. E-book.

HEYWOOD, Andrew. *Ideologias políticas: Do liberalismo ao fascismo*. Trad. de Janaína Marcoantonio e Mariane Janikian. São Paulo: Ática, 2010.

HILL, Christopher. *O século das revoluções: 1603-1714*. Trad. de Alzira Vieira Allegro. São Paulo: Editora Unesp, 2012.

HOBBES, Thomas. *Leviatã ou matéria, forma e poder de uma república eclesiástica e civil*. Trad. de João Paulo Monteiro e Maria Beatriz Nizza da Silva. São Paulo: Martins Fontes, 2003.

HOBSBAWM, Eric. "Os fabianos reconsiderados". In: _____. *Os trabalhadores: Estudos sobre a história do operariado*. 2. ed. Trad. de Marina Leão Teixeira Viriato de Medeiros. São Paulo: Paz & Terra, 2000.

_____. *A era das revoluções: 1789-1848*. Trad. de Maria Tereza Teixeira e Marcos Penchel. São Paulo: Paz & Terra, 2015. E-book.

HUGO, Victor. *Os miseráveis*. Trad. de Frederico Ozanam Pessoa de Barros. São Paulo: Penguin-Companhia das Letras, 2017. t. 1.

HUIZINGA, Johan. *O outono da Idade Média: Estudo sobre as formas de vida e de pensamento dos séculos XIV e XV na França e nos Países Baixos*. Trad. de Francis Petra Janssen. São Paulo: Penguin-Companhia das Letras, 2021.

HUNT, Lynn. *A invenção dos direitos humanos: Uma história*. Trad. de Rosaura Eichenberg. São Paulo: Companhia das Letras, 2009.

_____. *Política, cultura e classe na Revolução Francesa*. Trad. de Laura Teixeira Motta. São Paulo: Companhia das Letras, 2007.

HUNT, Tristam. *Comunista de casaca: A revolucionária vida de Friedrich Engels*. Trad. de Dinah Azevedo. Rio de Janeiro: Record, 2010.

HUNTINGTON, Samuel. "Conservatism as an Ideology". *The American Political Science Review*, v. 51, n. 2, pp. 454-73, jun. 1957.

JAMES, C. L. R. *Os jacobinos negros: Toussaint L'Ouverture e a revolução de São Domingos*. Trad. de Afonso Teixeira Filho. São Paulo: Boitempo, 2000.

JELLINEK, Georg. *La declaración de los derechos del hombre y del ciudadano*. Trad. de Adolfo Posada. Granada: Comares, 2009.

KARNAL, Leandro et al. *História dos Estados Unidos: Das origens ao século XXI*. São Paulo: Contexto, 2007.

KARNAL, Leandro. *Pecar e perdoar: Deus e o homem na história*. Rio de Janeiro: HarperCollins, 2017.

KONDER, Leandro. *Fourier, o socialismo do prazer*. Rio de Janeiro: Civilização Brasileira, 1998.

_____. *Marx, vida e obra*. São Paulo: Paz & Terra, 2007.

_____. *Marxismo e alienação: Contribuição para um estudo do conceito marxista de alienação*. São Paulo: Expressão Popular, 2009.

KOSELLECK, Reinhart. *Crítica e crise: Uma contribuição à patogênese do mundo burguês.* Trad. de Luciana Villas-Boas Castelo-Branco. Rio de Janeiro: Editora UFRJ; Contraponto, 2006. E-book.

LEFEBVRE, Georges. *1789: O surgimento da Revolução Francesa.* Trad. de Claudia Schilling. São Paulo: Paz & Terra, 2019.

LÊNIN, Vladímir Ilitch. *Teses de abril.* Trad. de Daniela Jinkings e Alvaro Pina. São Paulo: Boitempo, 2017.

_____. "As três fontes e as três partes constitutivas do marxismo". *Obras escolhidas.* Lisboa: Edições Avante!; Moscou: Edições Progresso, 1977. t. 1.

LOCKE, John. *Dois tratados sobre o governo.* 2. ed. Trad. Julio Fischer. São Paulo: Martins Fontes, 2005.

_____. *Segundo tratado sobre o governo.* São Paulo: Martin Claret, 2006.

LUXEMBURGO, Rosa. *A Revolução Russa.* Trad. de Isabel Loureiro. São Paulo: Fundação Rosa Luxemburgo, 2017.

_____. *Reforma ou revolução?* São Paulo: Expressão Popular, 2004.

MADAME DE STAËL. *Diez años de destierro.* Trad. de Joan Riambau Möller. Barcelona: Penguin Clasicos, 2016.

MAQUIAVEL, Nicolau. *O príncipe.* Trad. de Maurício Santana Dias. São Paulo: Penguin-Companhia das Letras, 2010.

MARIUTTI, Eduardo Barros. *Balanço do debate: A transição do feudalismo para o capitalismo.* São Paulo: Hucitec, 2004.

MARKOVITS, Daniel. *A cilada da meritocracia: Como um mito fundamental da sociedade alimenta a desigualdade, destrói a classe média e consome a elite.* Trad. de Renata Guerra. São Paulo: Intrínseca, 2019.

MARX, Karl. *A guerra civil na França.* Trad. de Rubens Enderle. São Paulo: Boitempo, 2011.

_____. *Crítica do programa de Gotha.* Trad. de Rubens Enderle. São Paulo: Boitempo, 2012.

MARX, Karl; ENGELS, Friedrich. *A ideologia alemã* [1983]. Trad. de Rubens Enderle, Nélio Schneider e Luciano Cavini Martorano. São Paulo: Boitempo, 2007.

MERQUIOR, José Guilherme. *O argumento liberal.* São Paulo: É Realizações, 2020. E-book.

_____. *O liberalismo: antigo e moderno.* 3. ed. Trad. de Henrique de Araújo Mesquita. São Paulo: É Realizações, 2016. E-book.

MILL, John Stuart. *Autobiografia.* Trad. de Flausino Torres. Lisboa: Edições 70, 2018. E-book.

_____. *Chapters on Socialism.* Auckland: The Floating Press, 2009.

_____. *Sobre a liberdade/ A sujeição das mulheres.* Trad. de Paulo Geiger. São Paulo: Penguin-Companhia das Letras, 2017.

MONTESQUIEU. *O espírito das leis*. Trad. de Fernando Henrique Cardoso e Leôncio Martins Rodrigues. Brasília: Editora UnB, 1982, livro XI, cap. 4.

MORE, Thomas. *Utopia*. Trad. de Denise Bottmann. São Paulo: Penguin-Companhia das Letras, 2018.

MOUNK, Yascha. *O povo contra a democracia: Por que nossa liberdade corre perigo e como salvá-la*. São Paulo: Companhia das Letras, 2019.

MUSTO, Marcello (Org.). *Trabalhadores, uni-vos! Antologia política da I Internacional*. Trad. de Rubens Enderle. São Paulo: Boitempo; Fundação Perseu Abramo, 2014.

OAKESHOTT, Michael. *Rationalism in Politics and Other Essays*. Indianápolis: Liberty Fund, 2010.

OZOUF, Mona. *Varennes: A morte da realeza, 21 de junho de 1791*. Trad. de Rosa Freire d'Aguiar. São Paulo: Companhia das Letras, 2009.

PAPA LEÃO XIII. *Carta Encíclica Rerum novarum*. Disponível em: <www.vatican.va/content/leo-xiii/pt/encyclicals/documents/hf_l-xiii_enc_1505 1891_rerum-novarum.html>. Acesso em: 29 set. 2022.

POCOCK, J. G. A. *La Ancient Constitution y el derecho feudal*. Trad. de Santiago Díaz H. Sepúlveda e Pilar Tascón Aznar. Madri: Tecnos, 2011.

PRIOLI, Gabriela. *Política é para todos*. São Paulo: Companhia das Letras, 2021.

PROUDHON, Pierre-Joseph. *O que é a propriedade?* Trad. de Marília Caeiro. Lisboa: Estampa, 1975.

RAWLS, John. *O liberalismo político*. Trad. de Álvaro de Vita e Luís Carlos Borges. São Paulo: WMF Martins, 2011.

REED, John. *Dez dias que abalaram o mundo*. Trad. de Bernardo Ajzenberg. São Paulo: Penguin-Companhia das Letras, 2010.

ROCA-FERRER, Xavier. *Madame de Staël, la baronesa de la libertad: Un retrato apasionado de la madre espiritual de la Europa moderna*. Córdoba: Editorial Berenice, 2010.

ROSAS, João Cardoso; FERREIRA, Ana Rita (Orgs.). *Ideologias políticas contemporâneas*. Coimbra: Almedina, 2014. E-book.

ROSE, R. B. *Gracchus Babeuf: The First Revolutionary Communist*. Redwood City (CA): Stanford University Press, 1978.

RUSS, Jacqueline. *O socialismo utópico*. Trad. de Luiz Eduardo de Lima Brandão. São Paulo: Martins Fontes, 1991.

SANDEL, Michael J. *A tirania do mérito: O que aconteceu com o bem comum?* Trad. de Bhuvi Libanio. Rio de Janeiro: Civilização Brasileira, 2020.

SANDRONI, Paulo. *O que é mais-valia*. São Paulo: Brasiliense, 1982.

SANTO AGOSTINHO. *Confissões*. Trad. Lorenzo Mammì. São Paulo: Penguin-Companhia das Letras, 2017.

SCHWARZ, Roberto. *As ideias fora do lugar: Ensaios selecionados*. São Paulo: Penguin-Companhia das Letras, 2014.

SCRUTON, Roger. *Conservadorismo: Um convite à grande tradição*. Trad. de Alessandra Bonrruquer. Rio de Janeiro: Record, 2019.

SERRA, Teresa. *La critica alla democrazia in Joseph de Maistre e Louis de bonald*. Roma: Aracne, 2005.

SKINNER, Quentin. *Hobbes e a liberdade republicana*. São Paulo: Editora Unesp, 2010.

SMITH, Adam. *A riqueza das nações: Uma investigação sobre a natureza e as causas da riqueza das nações*. 4. ed. Trad. de Norberto de Paula Lima. Rio de Janeiro: Nova Fronteira, 2017. E-book.

SOBOUL, Albert. *A Revolução Francesa*. São Paulo: Difel, 1985.

SPENCER, Herbert. *O indivíduo contra o Estado*. Trad. de Antonio Fontoura. [s.n.]: [s.l.], 2019. E-book.

STAROBINSKI, Jean. *Montesquieu*. Trad. de Tomás Rosa Bueno. São Paulo: Companhia das Letras, 1990.

STONE, Lawrence. *Causas da Revolução Inglesa: 1529-1642*. Bauru: Edusc, 2000.

SWEEZY, Paul Marlor et al. *A transição do feudalismo para o capitalismo: Um debate*. 4. ed. Trad. de Isabel Didonnet. São Paulo: Paz & Terra, 1977.

TARELLO, Giovanni. *Storia della cultura giuridica moderna: Assolutismo e codificazione del diritto*. Bolonha: Il Mulino, 1998.

TOCQUEVILLE, Alexis. *Lembranças de 1848: As jornadas revolucionárias de Paris*. Trad. de Modesto Florenzano. São Paulo: Penguin-Companhia das Letras, 2011.

_____. *O Antigo Regime e a Revolução*. São Paulo: Martins Fontes, 2009.

VALLIER, Kevin. "Neoliberalism". In: *The Stanford Encyclopedia of Philosophy*. Org. de Edward N. Zalta. Disponível em: <plato.stanford.edu/archives/sum2021/entries/neoliberalism/>. Acesso em: 29 set. 2022.

VELLOZO, Julio César. *Constituição e responsabilidade no Império do Brasil: Embates parlamentares sobre a responsabilização de ministros, magistrados e empregados públicos em geral*. Curitiba: Juruá, 2017.

VENTURI, Franco. *Utopia e reforma no Iluminismo*. Bauru: Edusc, 1994.

VOVELLE, Michel. *A Revolução Francesa explicada à minha neta*. Trad. de Fernando Santos. São Paulo: Editora Unesp, 2007.

_____. *A Revolução Francesa: 1789-1799*. Trad. de Mariana Echalar. São Paulo: Editora Unesp Digital, 2019. E-book.

_____. *Combates pela Revolução Francesa*. Trad. de Maria Lucia Panzoldo. Bauru: Edusc, 2004.

WINOCK, Michel. *As vozes da liberdade: Os escritores engajados do século XIX.* Rio de Janeiro: Bertrand Brasil, 2006 [2001].

WOOD, Gordon S. *The American Revolution: A History.* Nova York: Modern Library, 2002.

WOODCOCK, George. *Pierre-Joseph Proudhon: A Biography.* Montreal; Nova York: Black Rose Books, 1987.

ŽIŽEK, Slavoj (Org.). *Um mapa da ideologia.* Trad. de Vera Ribeiro. Rio de Janeiro: Contraponto, 1996.

# Índice remissivo

xx Congresso do Partido Comunista da URSS (1956), 203

"acordo de generosidade", 208
Alemanha, 92, 190-1, 202
Alencar, José de, 138
algoritmos, 47n
Aliança da Democracia Socialista, 188
alienação, 181-2
Almeida, Silvio, 45n
Ana, rainha, 36
"anarquia dos espíritos", 63, 72
anarquismo, 188
Anfra, Douglas Rogério, 192n
anglicanismo, 35
Aníbal (líder dos cartagineses), 197
*Antigo Regime e a Revolução, O* (Tocqueville), 79
Appleby, Joyce, 56n
Arendt, Hannah, 158n
aristocracia, 34-5n, 78, 81, 100, 168n
Armitage, David, 42n

Assembleia Nacional Constituinte, 11-2
Associação Internacional dos Trabalhadores (AIT) — Primeira Internacional, 186
autotelia, 70, 72-3

Babeuf, Gracchus, 161-4, 167, 169
Bakunin, Mikhail, 188-9
barbárie, 112, 128, 206
Barroso, Luis Roberto, 35n, 44n, 68n, 162n
Bélgica, 204
Belloc, Hilaire, 131
bens e serviços, demanda por, 92
Berlin, Isaiah, 113
Bernstein, Eduard, 192n, 193-4
Biblioteca Brasiliana Guita e José Mindlin, 25
Biden, Joe, 23
Bill of Rights, 35n
Bloch, Marc, 32n
Bluteau, Raphael, 25

Bobbio, Norberto, 16
bolcheviques, tomada de poder pelos, 199-202
Bolsonaro, Jair Messias, 78*n*
Bonaparte, Luís, 213
Bonaparte, Napoleão, 77, 137, 221
Bottomore, Tom, 153*n*, 179*n*
Bregman, Rutger, 219*n*
Brexit, 143
Brou, Pierre, 202-3*n*
Buber, Martin, 188*n*, 213*n*
Buonarroti, Philippe, 163
burguesia, 13-4, 35*n*, 79, 159-60, 183, 185-6, 191, 194
Burke, Edmund, 99-104, 123, 138-9, 154, 159, 222, 224

capitalismo, 8-9, 69, 90, 93-4, 132-3, 140-1, 149-52, 154, 157, 167, 170, 173, 177, 179-86, 192-5, 197-8, 200-6, 210, 212
Carlos II, 35-6
Carone, Edgard, 191*n*, 196*n*
casamento, 36, 60, 71, 212
catolicismo, 35, 138, 141, 155
*Causas da Revolução Inglesa: 1529-1642* (Stone), 34*n*
centralização "pós-medieval", 34
Chaplin, Charles, 181
Chartier, Roger, 47*n*
Chateaubriand, visconde de, 79, 137-8
Chaui, Marilena, 8*n*
Chesterton, Gilbert Keith, 133, 140-1, 198
China, 205
Chomsky, Noam, 188*n*
classe operária, 173, 191-2
Clavero, Bartolomé, 43*n*

Cole, George D. H., 196*n*
coletivismo, 69, 91, 93, 207
colonialismo, 17
Companhia das Índias Ocidentais, 36
Comuna de Paris, 187, 189
comunardos, 187
comunismo, 4, 15, 94, 103-4, 128, 155, 170, 187-8, 194-5*n*, 202, 205
"comunismo oweniano", 211
Conferência de Londres (1872), 188
*Confissões* (Santo Agostinho), 101-2*n*
Conselho da Comuna, 187
conservadores/conservadorismo, 4, 9, 11-2, 14-7, 22, 38, 44, 55-6, 70, 72, 79, 85, 97, 99-136, 138, 140-2, 147-9, 156-7, 167-8, 174, 219
conservadorismo social, 95
*Conservadorismo: Um convite à grande tradição* (Scruton), 141
*Considerações sobre o governo representativo* (Mill), 85
Conspiração dos Iguais (1796), 161, 169
Constant, Benjamin, 76-7
Constituição de 1791 (França), 49-51
Constituição de 1973 (França), 163
Constituição de 1988 (Brasil), 51, 57
contratualismo, 129
Coreia do Norte, 205
Coutinho, João Pereira, 107, 112-3*n*, 124*n*, 127-8*n*
covid-19, 22
*criação da ordem na humanidade, A* (Proudhon), 213
cristianismo, 101, 138, 221
Cuba, 205
cubo mágico, 4, 105, 110-26

D'Alembert, 46
Dardot, Pierre, 89*n*
Darnton, Robert, 46
Darwin, Charles, 86, 88
Declaração da Independência dos Estados Unidos, 42, 56, 103
Declaração dos Direitos do Homem e do Cidadão, 163
democracia, 15, 24, 60-1, 61*n*, 80, 84, 92, 201, 203-5, 216, 222, 225
*democracia na América, A* (Tocqueville), 80
despotismo, 63, 75
Diderot, Denis, 39, 46
direita, 8, 11-3
direitos naturais, 38*n*, 41
direitos políticos, 59, 77-8
distributismo, 131-3, 135, 140, 219
ditadura, 24, 62, 119-21
Dobb, Maurice, 149*n*
*Dois tratados sobre o governo* (Locke), 41
Duby, Georges, 28*n*, 32*n*

economia mista, 69
eficiência econômica, 93
Einaudi, Luigi, 63, 72
Elizabeth I, 143
Engels, Friedrich, 4, 15, 103, 150, 165, 170-3, 176-9, 181*n*, 183-4, 186-8, 190
Escola Austríaca, 94-5
escravidão, 17, 57, 101, 150, 179, 184
Espanha, 188, 190, 204
Esping-Andersen, Gøsta, 68
Espinosa, Baruch, 141
*espírito das leis, O* (Montesquieu), 43*n*, 75
esquerda, 8, 11-3, 22

Estado de bem-estar social, 22, 69, 94-5, 142
"estado de direito", 76
estado de exceção, 196
Estado mínimo, 94-5
*Estado servil, O* (Belloc), 131
Estados nacionais, 223
Estados Unidos, 14*n*, 40-3, 50, 57, 79-80, 94, 138, 189, 212, 222-3
estrutura patriarcal, 117*n*
evolucionismo, 192*n*
exploração do trabalho, 166

Fabretti, Humberto, 45*n*
falanstério, 208, 219, 222
fascismo, 63, 93
Fausto, Ruy, 204*n*
Ferreira, Ana Rita, 7*n*, 191*n*, 192*n*, 193-4*n*
feudalismo, 28, 150, 179, 184
filosofia alemã, 170-1
filósofos idealistas, 172
filósofos materialistas, 172
*fim do laissez-faire, O* (Keynes), 93
Finley, Moses I., 150*n*
Fourier, François-Marie Charles, 165-6, 170, 206-9*n*, 216, 219, 222
França, 11-4, 34*n*, 39, 45-6, 48, 50-1, 76-7, 79-80, 99, 101, 136, 159, 161-2, 164, 168, 188, 191, 212-3
França revolucionária, 13, 47, 160
Freeman, Joshua B., 13*n*
função contramajoritária, 61
Furet, François, 45*n*, 52*n*

Gagarin, Yuri, 202
Gama, Luiz, 189
*gênio do cristianismo, O* (Chateaubriand), 138

Godechot, Jacques, 45n
governo constitucional, 36-7, 49, 199
"governo moderado", 75
governo representativo, 49, 51, 77, 85
Grécia, 204
Guerra Franco-Prussiana, 187
Guilherme (William) de Orange, 35n

Haidt, Jonathan, 32n, 115-6n
Haiti, 101, 159
Harari, Yuval Noah, 41n
Hayek, Friedrich, 88, 94
Hegel, Friedrich, 171, 192
Henrique viii, 155
Hespanha, Antonio Manuel, 31n, 33n
Heywood, Andrew, 69
hierarquia, 47, 114, 117-20, 220
Hill, Christopher, 35n, 36
Hobbes, Thomas, 54, 128-9
Hobhouse, Leonard, 68, 89-91
Hobsbawm, Eric, 14n, 44n, 197n
Holanda, 35n
homo faber, 178
Hugo, Victor, 156n
Huizinga, Johan, 34n
Hume, David, 103
Hungria, invasão da (1955), 203
Hunt, Lynn, 42n, 47n
Hunt, Tristam, 183n
Huntington, Samuel, 112-3

Idade Média, 27-8, 30, 47
"ideias fora do lugar", 17
Igreja, 30-2, 47, 108, 139, 155, 168
igualdade, 158-9; formal, 52, 62, 159-60,
162; material, 52, 78, 155, 157, 160
Iluminismo, 39, 46, 74, 101-2, 108, 127
Independência dos Estados Unidos,
26-7, 40, 43-6, 51-2, 75, 120

Inglaterra, 14, 26, 34-7, 39-44, 46, 49,
90, 140, 143, 154, 159, 176, 190,
197-8, 202, 212
Instituto de Ciências Morais, 212
internacionalismo, 158
invasão normanda, 34n
Irlanda, 211
Itália, 63, 188, 190, 202

jacobinos, 78, 161, 163
Jaime ii, 35-6
James, C. L. R., 45n, 101n
Jefferson, Thomas, 42, 56
Jellinek, Georg, 41n
João Sem Terra, rei da Inglaterra, 34n
justiça social, 93

Kant, Immanuel, 141, 172
Karnal, Leandro, 33n, 42n
Kautsky, Karl, 193-4
Keynes, John Maynard, 91-5
keynesianismo, 69, 91
Konder, Leandro, 181n, 184n, 208n
Koselleck, Reinhart, 30n

laissez-faire, 81
Lamarck, Jean-Baptiste de, 86, 88
Laval, Christian, 89n
Leão xiii, papa, 132
Lefebvre, Georges, 45n
"lei da atração passional", 206
Lei de Say, 92
Lembranças de 1848 (Tocqueville), 79
Lênin, Vladímir Ilitch, 170, 196, 199-
201, 203
Liberalism (Hobhouse), 90
liberalismo, 4, 9, 11-5, 17, 19, 21-8, 30,
33-4, 36, 38-41, 43-4, 49, 51-7, 60-
3, 65, 67-8, 70-2, 74-5, 77-8, 81-2,

85-6, 89-94, 99, 103, 107-8, 111-3, 115-6, 120-1, 128, 133-5, 137, 142, 147-9, 160, 167-8; econômico, 23, 82, 94, 142

liberdade, 22; como autonomia, 53-8, 60; como intitulamento, 57-8; contradições nos Estados Unidos, 51; das mulheres, 208; de consciência, 40, 62, 71; de crença religiosa, 62; de pensamento, 63, 82; e democracia, 222; individual, 22-3, 34, 43, 53, 82-3, 85, 90, 93, 115, 120; leis para assegurar a, 55; política, 59-60, 168

Liga dos Comunistas, 183

Liga dos Justos ver Liga dos Comunistas

livre mercado, 65, 69, 89, 95

Locke, John, 25, 41, 43$n$

London School of Economics and Political Science, 89

Luís xiv, 136

Luís xvi, 48, 76

Lula da Silva, Luiz Inácio, 23

Lutero, Martinho, 139

Luxemburgo, Rosa, 193$n$, 196, 201


Machado de Assis, Joaquim Maria, 138

macroeconomia, 93$n$

macroideologia, 9-10, 94

Madame de Staël, 76-9

Maistre, Joseph de, 139-40

mais-valia, 179

Manifesto do Partido Comunista (Marx e Engels), 103, 150, 152, 169, 183, 195

mão invisível do mercado, 65, 94

Maquiavel, 100, 155

Maria Antonieta, 46

Mariutti, Eduardo Barros, 149$n$

Markovits, Daniel, 50$n$

Marx, Karl, 4, 15, 103-4, 122, 136, 150, 152-3, 155, 165, 170-81, 183-8, 192, 194-5, 197, 200, 213, 221, 223

marxismo/marxistas, 45$n$, 121, 130, 169-70, 172, 174, 188, 190, 192, 194-7, 202-5, 222

Mary, rainha, 35$n$

Máximo, Fábio, 197

meritocracia, 50, 62, 160

Merquior, José Guilherme, 26-7, 36$n$, 57-9, 63$n$, 90$n$, 93$n$, 95-6$n$

microeconomia, 93$n$

Mill, John Stuart, 36, 63-4$n$, 72-3$n$, 81-5$n$, 89, 198, 215

minorias, 10, 37, 60, 80, 204, 223

miseráveis, Os (Hugo), 156$n$

miséria da filosofia, A (Marx), 213

Mises, Ludwig von, 93-6, 223

monarquia, 17, 32$n$, 34$n$, 35, 39, 46-7, 49, 75, 77, 138, 155$n$

Montesquieu, 25, 43, 74-6

More, Thomas, 154-7, 220

Mounk, Yascha, 61$n$

movimento anarquista, 188, 201, 214

movimento cooperativista, 209

mulheres: direitos das, 80, 120, 159, 162, 166, 212; e a estrutura patriarcal, 117$n$; opressão das, 72-3, 83; posição na sociedade capitalista, 208

Musto, Marcello, 189$n$


nacionalismo, 143, 196

nacionalização, 69

nazifascismo, 94

Necker, Jacques, 76

Nehru, Jawaharlal, 198
neoliberalismo, 94-5
New Harmony (colônia socialista nos Estados Unidos), 212
Newton, Isaac, 127
Nicolau II, tsar, 199

*O que é a propriedade* (Proudhon), 212
Oakeshott, Michael, 112$n$, 127
opressão, força da, 117$n$
Owen, Robert, 165, 170, 210-2
Ozouf, Mona, 45$n$, 52$n$

"papel do trabalho na transformação do macaco em homem, O" (Engels), 179
Parlamento, 34-5, 38, 43-4, 46, 49-50, 77, 83
Partido Conservador, 142
Partido dos Trabalhadores (PT), 78$n$
Partido Social-Democrata da Alemanha (SPD), 190, 192$n$, 193, 195, 202
Partido Socialista, 202
Partido Socialista Italiano (PSI), 190
Partido Socialista Operário Espanhol (PSOE), 190
Partido Trabalhista (Labour Party), 190, 198, 202
partidos comunistas, 201
partidos social-democratas, 196, 201, 203-4
partidos socialistas, 195-6, 201, 203-4
Pascal, Blaise, 224
patriarcado, 206
"pejotização", 150$n$
pensadores reformistas, 39
pensamento conservador, 15, 99, 106-7, 118, 133, 135, 143
pensamento reacionário, 139

Pocock, J. G. A., 38$n$
políticas públicas, 7, 11
Portugal, 204
presbiterianismo, 35
Primeira Guerra Mundial, 91-2, 195, 199, 201$n$
Primeira Internacional, 186-7, 189-90
"princípio da livre concorrência", 207
*Princípios de economia política* (Mill), 81
Processos de Moscou (1936), 203
produção, 13, 15, 64, 66, 93$n$, 112, 150, 157, 166-8, 176, 208-9; fabril, 181; meios de, 151-2, 159, 179-82, 185, 191, 194, 197, 202
progresso coletivo, 224
propriedade privada, 78, 83, 132, 155, 169, 181, 212
protoliberalismo, 26-7, 34, 44, 59, 103
Proudhon, Pierre-Joseph, 165-6, 170, 187, 212-3

Queda da Bastilha, 45$n$, 49

racionalismo, 127
Rawls, John, 68$n$
razão, 83, 102, 112, 127-9, 156, 161
"reacionário", 24, 134, 136
Reed, John, 200$n$
*Reflexões sobre a Revolução na França* (Burke), 99, 154
religião, 212
reparação histórica, 56-7
*Rerum novarum* (encíclica do papa Leão XIII), 132
Revolução Americana, 26-7, 158$n$
Revolução de 1917, 91, 199, 202-3; *ver também* Revolução Russa
Revolução de Fevereiro, 199

Revolução de Outubro, 200

Revolução Francesa, 4, 8, 11-2, 26-7, 38, 44-5$n$, 47$n$, 51-2, 62, 75-7, 99, 102-3, 119-20, 126, 138-9, 155, 158-9, 162-3, 167, 190, 200

Revolução Gloriosa, 26-7, 34-5, 37, 44, 54, 62, 75, 158$n$

Revolução Industrial, 13-4, 90, 154, 159, 210

Revolução Russa, 91, 119, 170, 201

Revolução Tecnológica, 224

Ricardo, David, 81, 175-6, 179

Robespierre, 161

Roca-Ferrer, Xavier, 79$n$

Rosas, João Cardoso, 7$n$, 191-2$n$, 194$n$

Rose, R. B., 163

rótulos, 9-10, 110

Rousseau, Jean-Jacques, 39, 107

Rouvroy, Claude-Henri de, 209

Russell, Bertrand, 198

Russ, Jacqueline, 207$n$, 210$n$, 212$n$

Rússia, 188, 204

Saint-Simon, 165-6, 170, 209

Sandel, Michael J., 50$n$

Sanders, Bernie, 22-4

Sandroni, Paulo, 179$n$

Santo Agostinho, 101-2$n$

São Domingos, 101, 159

Schlesinger, Arthur Meier, 56$n$

Schwarz, Roberto, 17

Scruton, Roger, 103, 124-5$n$, 129-30, 141-3$n$

Segunda Internacional, 187, 190, 196-7, 199, 202

*Segundo tratado sobre o governo* (Locke), 43$n$

*selfmade man*, 30

selvagismo, 206

Serra, Teresa, 140$n$

Shaw, George Bernard, 140, 198

simplificações, 8-9

sindicalistas, 187

*Sistema das contradições econômicas ou filosofia da miséria* (Proudhon), 213

Skinner, Quentin, 129$n$

Smith, Adam, 24-5, 64, 74, 81, 91-2, 94, 115-6$n$, 175-6, 179, 223

*Sobre a liberdade* (Mill), 82

*Sobre a revolução* (Arendt), 158$n$

social-democracia, 68-9, 190-1, 194

socialismo, 4, 9, 11-2, 14-5, 17, 23, 44, 56, 69-70, 83-4, 106, 111-3, 116, 119, 122, 128, 132-6, 140, 143, 145, 149, 150-3, 156-9, 161, 163-9, 173, 176-7, 186-90, 195, 199-204, 206-7, 215, 219; científico, 170, 174, 183; evolucionário, 193; fabiano, 192, 197-8; liberal e democrático, 194; real, 199; revolucionário, 183; utópico, 165-9

social-liberalismo, 68, 204

Sociedade Fabiana, 197

"socientismo", 207

Spencer, Herbert, 85-9

*Sputnik* (primeiro satélite artificial), 202

Stálin,Ióssif, 203

Stone, Lawrence, 34$n$

súmula vinculante n. 26, 61$n$

sufrágio/sufragistas, 83; *ver também* voto

Suíça, 60, 77, 188

*sujeição das mulheres, A* (Mill), 83

Suprema Corte, função contramajoritária da, 61

241

Supremo Tribunal Federal, função contramajoritária do, 61

Sweezy, Paul, 38n, 149n

Tarello, Giovanni, 50n

Taylor, Harriet, 83

Tchecoslováquia, invasão da, 203

*Tempos modernos* (Chaplin), 181

teoria do dano, 82

teorias contratualistas, 128

Terceira Internacional, 202

Thatcher, Margaret, 142

Tocqueville, Alexis de, 79-81

tolerância religiosa, 36-7, 63

trabalho, 177, 179

tradição, 55-6, 58-9, 70, 100, 118, 125-6, 141, 220

*Tratado da associação agrícola doméstica* (Fourier), 209

*Tribun du Peuple, Le* [A Tribuna do Povo], 162

*Tudors, The* (série televisiva), 32n, 155n

tsarismo, 199

ultradireita, 198

União das Repúblicas Socialistas Soviéticas (urss), 91, 201-5

União Europeia, 143

universalismo, 158n

Universidade de Besançon, 212

utopia, 134-5, 153-4, 156, 165, 174

*Utopia* (More), 154-7

*Utopia para realistas: Como construir um mundo melhor* (Bregman), 219n

Vallier, Kevin, 95n

Vellozo, Julio César, 39n, 45n

Venturi, Franco, 102n

Vietnã, 205

violência, demanda pela, 47n

*Vocabulario portuguez & latino* (Bluteau), 25

Voltaire, 46

voto, 48, 61, 77, 80, 89, 119-21, 189; censitário, 61-2, 77, 80, 83; estendido às mulheres, 83; "saber votar", 78n, 121n; universal, 121n; *ver também* sufrágio/sufragistas

Vovelle, Michel, 12n, 45n

Winock, Michel, 79n

Woodcock, George, 214n

Woolf, Virginia, 198

xingamento, ideologias usadas como, 9

Žižek, Slavoj, 8n

ESTA OBRA FOI COMPOSTA PELA SPRESS EM MINION E IMPRESSA EM OFSETE
PELA GEOGRÁFICA SOBRE PAPEL PÓLEN SOFT DA SUZANO S.A.
PARA EDITORA SCHWARCZ EM NOVEMBRO 2022

A marca FSC® é a garantia de que a madeira utilizada na fabricação do papel deste livro provém de florestas que foram gerenciadas de maneira ambientalmente correta, socialmente justa e economicamente viável, além de outras fontes de origem controlada.